川上流雲

中國文化名人瑣記

張建智　著

序

章開沅

我與建智相識於本世紀初，其時湖州舉辦首屆「筆墨江南」藝術節，細雨迷濛，春寒料峭，然而卻更能體現煙雨江南的神韻。

他雖然是市府外事部門的文職人員，公務很忙，經常要出差於海內外各地，但卻能在公餘筆耕不輟，逐年都有佳作問世，題材之廣，知人閱世之深，乃至文字雋永，都能贏得眾多讀者沉迷。

建智尤其善於隨筆，信手拈來，自得其樂，而言志寓意若隱若現，更加耐人閱讀。《川上流雲——中國文化名人瑣記》是他最近即將出版的散文結集，共收對晚清以來中國文化名人的紀念文章30篇。我逐篇閱讀以後，有兩個印象特別深刻，一是其閱讀數量之大，一是其鄉土情結之深。

先言閱讀數量之大。30篇文章，雖然大多短小精悍，但知識資訊涵蘊極為豐富，對於其人其事，來龍去脈，均有系統梳理。有些人是作者早有專著問世者，如張靜江、王世襄等，寫來自然是厚積薄發，舉重若輕。即以他人相關論著已多者，如魯迅、巴金、陳夢家、陸文夫等，亦能擇新視角、新視野，不落前人窠臼，必須熟讀深究始能如此從容書寫。正如近代大藏書家周越然的一本書名《書書書》那樣，建智本人也是一位大書迷，閱書、淘書、藏書、印書，朝夕以書為伴，以書為樂，雖茶餘飯後，旅遊途中，亦多以議論各大藏書樓為賞心樂事。因此，《川上流雲》似可作為近代中國藏書史與閱讀史供人們參考。

再言鄉土情結之深。建智是土生土長的南潯文士，因此書中所涉及的人物大多屬於浙籍、湖籍，特別是南潯本地的文化鄉賢，從陸心源、王世襄、吳藕汀、沈家本，直到周越然、盧芹齋、徐遲、金隄，都是江南水鄉孕育成長的靈性才俊。建智與這些前輩大家多數曾經接觸，有些還成為忘年之交，以文會友，以書結緣，情深意摯，終生不渝。因此，《川上流雲》書寫這些人物，形象豐滿，性格突出，常常於細微處顯其精神，寥寥數筆，惟妙惟肖。建智不僅善於寫人，而且善於寫景，特別是寫這些人物的棲息處所，更增加這些短文的真切感與親和氣氛。正是這樣濃郁的鄉土情結，更使我對《川上流雲》反覆賞析流連忘返。

我的祖籍是湖州荻港，原屬菱湖區菱湖鎮，後因菱湖區撤銷，改隸南潯區和孚鎮，與建智成為更為親近的小同鄉。加以書中有若干人物也是我曾結識的師友，如徐遲即占較多篇幅。除建智自己所寫的《徐遲：詞客哀時未返家》外，還附錄了我的《憶徐遲》、白樺的《枯葉蝶》和李牧的《徐遲談話錄》。徐遲解放後落腳於武漢，與我相知較深，白樺也曾在我任校長時來華中師院做過大型演講，李牧雖然未曾結識，但從文章中可以看出乃是徐遲比較信任的密友。我們分散在各地，處境也各不相同，但卻在徐遲死因上發表了相近相通的見解。正如建智在列舉各種死因之後結語所說：「我想，此題也許太深太玄。仁者樂山，智者樂水，人言言殊，人生也只能任由自己去選擇了。」擇生即包括擇死，擇死不一定就是消極，或許正是一種對社會的抗議或更高一層的超越。僅僅「孤獨感」或「黃昏戀」就足以構成徐遲這樣偉大作家的死因嗎？我們不約而同地都不以為然。

正是徐遲的《江南小鎮》驅使我回歸荻港尋根，而建智則是最先理解我並且熱情接納我的南潯鄉親。天寒思滯，鄉思纏綿，謹書此短文聊以為序。

於桂子山實齋

歲在甲午，年方二八

目次

王世襄：斯人已去成絕響

一葉隨風忽報秋，縱使君來豈堪折。

一

十一月二十九日，晚六時二十二分，我的手機突然響起，一看是北京董秀玉先生來電，她告知一個噩耗：「王老於昨天清晨謝世！」，這突來的訊息，雖是意料中事，但是還讓人感到不能接受，我總感到以他老之體格，尚能挺過這一劫。但，不爭的事實終在網上讀到，中央文史館於訃文中說：「中央文史研究館館員，著名文物專家、學者、文物鑒賞家、收藏家，國家文物局中國文化遺產研究院研究員王世襄先生，因病醫治無效，於二〇〇九十一月二十八日九時二十五分在北京去世，享年九十五歲。王世襄先生遺體已於二〇〇九年十一月二十九日上午火化。」當讀完這突來的訃告，我未能見他老人家最後一面；真的，當董先生發來快訊的那晚，於腦海中映射出的，依然是王老一年多前神清氣爽，談鋒甚健的話語與印象，想起二〇〇八年四月，他還能在他家附近使館區一家專門供外賓宴飲的「義和雅居」菜館，由他請客。他坐輪椅下電梯與我們大家同去用餐。到那裡他拿出早已親筆寫好的餐單。席間，作為一位寫過許多美食妙文的王老，說了許多有關美食的妙語，那日，他特別神采奕奕，我似乎從未看到他如此的高興。那氣昂昂的樣子，至今拂之不去。記得去年冬天，我還特地前往北京朝陽區中醫院看望他，他似有很多話要說……啊，恍如隔世，人間僅瞬間變化，王老卻作古而去，實讓人不能接受，他，王老，真離我們而去了嗎？

二

緣於王老所說「處世雖慚違宅相，此身終半屬湖州」。他是我的鄉前輩，又緣於幾年前他對我之信賴，我為他作《王世襄傳》；可以說這近兩年多時間，我們常書雁往來，有時隔數天就能收到他的來信，且常是三四張、甚或七八張信函。他還特地為我們間的通信作了專門的編號，時複印各種有關他的生平資料與我。在他迪陽公寓那仿明代大桌旁，他還為此，專用一紙袋裝為傳記而用的函件，當今天我寫此文時，重翻出先生由大大小小信封、各式的信紙，他工整的楷書，無不反映了先生做事的認真、細緻、精到；又讓我真正感受他對一個鄉後輩之溫馨。記得去年的四月八日，北京正是晴朗

作者與王世襄先生（右）在一起

好天氣，上午八時半，我與女兒張欣同訪王世老。（因撰寫《王世襄傳》所需）當採訪即將完時，我留了一本《吳藕汀冊頁畫》於王老處，請他為我題詩一首。當他閱完這本文人畫冊頁後，欣然同意。還笑咪咪地說：「藕老之畫，比黃賓虹的畫清雅！」

二〇〇八年中秋後，他特地從北京給我郵寄了由香港友人送他的干貝，還托人郵一個鴿哨，直接寄我在上海讀博士的女兒，此情此景、事無巨細的關愛，那份純真，已早超越令我感佩與崇敬的範疇。我總感到百廢待興中的他，正步入老年後，於沉寂裡奮力一搏，成了無可奈何的「大器晚成者」。二十多年來，那超負荷地工作，終於完成了自己的夙願而碩果累累。先生的敬業精神，真是我輩的學習楷模。但是，他不知老之將至，直至最後的五年裡，他還是在追趕日月，在請不到可口述的秘書，在一眼昏花，一眼幾乎失明之情況下，還在作博擊命運之神。一如當年趙樸初老所書「他對困厄的回答是戰鬥，對勝利的回答是謙虛。」

張欣博士與王世襄先生合影

三

王世襄，自小從一個官宦家族中走出，又自小就受到江南富庶大家外祖家「四象八牛」金家的薰陶。母親金章（號陶陶），湖州南潯人。畫家。大舅金北樓，北方畫壇領袖，二舅金東溪、四舅金西崖則是竹刻家，表兄金開藩、金勤伯也是畫家，其藝術之源，來自於一門風雅的江南書香門第。爾後由於一貫的極左思潮，那運動文化的不斷，他為國追寶，被視盜賊，無端系牢獄，欲訴冤屈，又打入右派，五七幹校肺病重重，他卻昂首抬頭猶作花，惟有「蒼天胡不仁，問天堪一哭！」他惟與夫人袁荃猷相濡以沫，終共訂「自珍自愛」之惟一的出路，直到夕陽之際，終於用老邁生命之全部，拼博於人生的「化淚為苦學」的求索之途；他有生之年，夫婦倆過著清寒樸素的物質生活，而為後人留下一部部天書，這是王老僅有溫暖他心靈、支撐他精神的燭火。他與老伴「歌成老妻喜，喜為道不孤」；胸懷憂患、思想深邃，摯愛中華民族已近失傳的文化；幾凡邵燕祥先生所道出並呼籲的：「王老厚積薄發，堪稱淵博，而他所做學問，不知是否前無古人，看來是後無來者的。大自傳世鼎彝，下至蟋蟀家具，研究起來自然別有眼光，非他人所能替代。王老淹通博物，固勿論矣，至其書法及詩詞的造詣，似尚未有足夠的重視，實應注意。」的確一如邵先生所言，他，用一雙勤奮溫暖的大手大自傳世鼎彝，下至蟋蟀家具，為讀者留下鴻篇巨著近四十多部，他點燃了中國乃至世界、那麼多人熱愛的中國文化能步入世界之林的千年夢想；我相信，他的每一部大著永不過時，定會星漢燦爛地照徹過去、現在和未來中國文化人的靈魂……他，就是寫出了《髹飾錄解說》、《明式家具珍賞》、《明式家具研究》、《北京鴿哨》、《竹刻》、《蟋蟀譜集成》《說葫蘆》、《錦灰堆》、《明代鴿經清宮鴿譜》等等不勝枚舉的我們的文物大家——王世襄。今晚，當我寫完此文，王老的樸素的中式棉袿，他那壯實的中等身材，那老農般但又雅正的文人氣質，依然在我眼前晃動。作為鄉後輩，我深深的追思與懷念你——讓我再叫聲王老！

「五十八年多禍患，苦中有樂更難忘。西山待我來歸日，共賞朝霞與夕陽。」這便是你最後要交給世人的一顆最平靜的心。

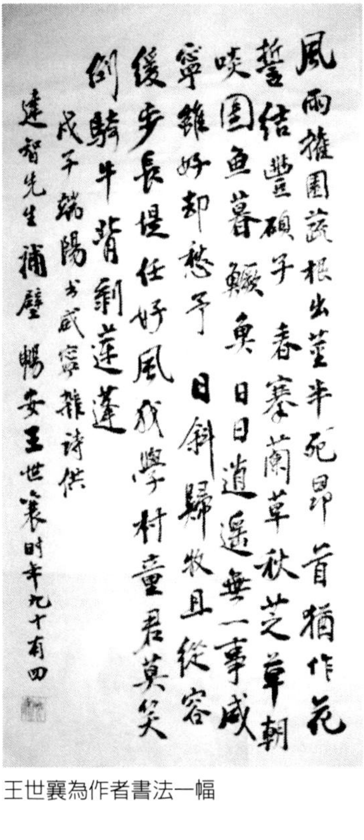

王世襄為作者書法一幅

木心：一個回歸中國文化的智者

一

木心在烏鎮

木心走了，得之這個消息，還是女兒在ＱＱ上告知的，我真有點不太相信，心中卻在想：「難道他真離開了人世？」但於那一刻，坐在電腦前，對於傳來這樣突兀的噩耗，不禁為之黯然神傷。其實，最早得知木心患病住院，是在一次晚上閱網時的偶見，那博客上這樣記載：「木心已住院，傳聞在重症病房。」爾後又讀到這樣的訊息：「很想去烏鎮看看木心，生怕打攪他。終究沒有去成。現在木心終因心肺功能衰弱，處於彌留之際，住在重症病房。中醫徐樹民先生曾七八次被請為木心把脈，最後一次是今年春節前後。」再觀之，博客上還有徐醫師為木心開的中醫方藥。讀到這些消息，大多已在深夜，我據所開之方，大致遙想木心先生，正患老年性心肺虛弱病，症狀險惡，他正受著肺衰咳喘、夜夢不斷、心神不寧、陰虛低熱的病魔煎熬。無數個不眠之夜，雖安靜地躺在水鄉醫院裡，可想見，現在他正一腳高一腳低的，似在山巒折摺的溝壑中，累得邁不開步子，只感四顧茫茫，在痛苦的病中，度著那日日夜夜。那樣的深夜，誰也幫不了忙，我只能和他忠實的讀者、親朋好友們，懷有同一個祈願：「希望他早日康復！並為他祈福！」木心，本名孫牧心，號牧心，一九二七年生於烏鎮，早年入由劉海粟創辦的上海美術專科學校，後又轉投藝術理念與之更契合的林風眠門下，入杭州國立藝專，繼續學習中西繪畫理論。在「文革」期間被捕入獄，囚禁十八個月，作品皆被燒毀。一九八二年，木心移居異國他鄉的紐約。從此，興趣漸轉向寫作，以藝術創作理念的筆觸，寫著散文、詩歌、小說；作品彌漫著西方浪漫主義和中國的古典韻致。真的，木心的作品，早引起我閱讀的興趣，藝術感與空間感的奇正變幻，讀後總有無限的意象。其風格十分輕盈、玲瓏、隨意；筆尖隨思維自然流轉，感覺總有一幅幅的畫面在你眼前流動，拂之不去；有時彷彿走在巴黎的蒼穹下，卻懷著一本古老的《詩經》；又彷彿是竹林七賢曾經流連的山水中，有人用小提琴正奏著莫札特的一曲音樂。歐風美雨，漢唐明月，韶樂楚曲，竟如此水乳一般交融。誠如孫郁先生所評：「讀木心，就是湍流的沖洗，那些僵死的湖泊是不能懂得奔淌者的快慰的。」

二

木心的散文和詩歌，追捧者多，小說反被冷落，但我卻喜歡他的精緻巧意卻不乏哲思的短篇小說，惜只有《溫莎墓園日記》一冊小集，其了了十幾篇，有些是微型小說，寫著月淡如水的故事，沒有衝突，沒有煽情，充溢著一灣泓水，淡定如神，卻寫出了一個靈動的世界，讀來篇篇令人感歎、唏噓。我想，也許只有如木心這般經歷風雨人生，徜徉於中外藝術之上，卻依然保有一顆浪漫、溫潤之心的人，才能用透澈而節制的筆調，寫出了人生的無奈、情愫、重聚、別離與生死！迄今，廣西師大已出版木心著作二十多種，包括《木心畫集》。先於二〇〇六年一月推出《哥倫比亞的倒影》，附一冊《關於木心》的白皮書，全文刊登了一九八六年對他作品的討論。這書，現還插在我電腦旁的書架上，隨手抽出此書，就見陳丹青在發布會上的話：「我寫書，我出書，就是妄想建立一點點可疑的知名度，借此勾引大家有朝一日來讀木心先生的書。」這是其對亦師亦友——木心的一片至情。他稱木心是「完整銜接古典漢語傳統與五四傳統的文學作者」，「即便是周氏兄弟所建構的文學領域和寫作境界，也被木心先生大幅度超越」，還說，「他的文字有一種真正的母語的力量，非常精緻，非常典雅，而且非常具有表現力。」如今，若回想二〇〇六年，散文集《哥倫比亞的倒影》出版之際，讀者對作者，可謂一無所知，但這本看似完全不起眼的小書，卻掀起了一股木心熱，一時洛陽紙貴。木心的其他著作也紛紛得以問世，如《魚麗之宴》、《西班牙三棵樹》、《瓊美卡隨想錄》、《溫莎墓園日記》、《素履之往》、《即興判斷》，直到近期的《雲雀叫了一整天》、《巴瓏》、《詩經演》等，每本都吸引了大批擁躉。木心先生，由陳丹青從紐約接回烏鎮定居，那是「九一一」以後的事，記得我去拜訪他時（通過桐鄉熟人），是木心先生定居烏鎮的第二年，因讀了他的書，很想面對面聆聽其教。也可說，這是木心從海外回來的第一個春節。二〇〇七年春節後的暖冬，一個晴朗天的下午，我們至烏鎮，木心先生正住在鎮上一家名為「通安客棧」裡，當時先生住二樓一個套間。當我們甫坐後，木心先生很客氣，只見其投足舉止，總透出儒雅且有一股歐化的味道，向你迎面襲來。他告我們說，現只是暫時借住旅店，自己的住房，當地政府正在裝修布置中。我們問他從美國現代大都市紐約，突回歸這寂寞的水鄉小鎮，能住得慣嗎？他卻說：「這裡很清靜，我在國外已二十多年，多麼需要這樣的地方，來安享晚年！」我從木心特別閃亮的眼神中，真體味到了「少小離家老大回」的那種感覺。那日，已近晚霞的一縷陽光，正從木窗射進他坐的靠椅上，我們的談話無拘無束，先生談性很濃，也許那時接觸他的人還少，不像日後若去拜訪木心就難，要「從一扇邊門進去，穿過走廊，從後門進廳堂」，還有男傭會對你說：「不能拍照！」等諸多規矩。那日，我們之間只是海闊天空，可以談一切。談他寫的書，談他的書畫、閒章。而木心先生更是一位書蠹，對書特別敏感，文友紹平，跟他聊及自己的一方「誰非過客，書是主人」閒章時，木心馬上建議他，應刻一枚橢圓形的閒章，內容就叫「書長壽」！足見他是多麼愛書啊。我們帶了一些木心出版的書，請他題簽，他一口答應。而當我們談及他哪冊書特別令我們喜歡時，他就高興地附上一句：「等一下我要送你們每人一本！」那樣的時刻，倒使我們感到不好意思。但我發覺，木心先生少有客套寒暄，點上一支煙，總與來訪者交談文學藝術，不像有些作家見面簽書了事。而他送你書，不急於簽贈，聊到興起處，竟可以忘卻一切。

三

那日下午，時間過得特快，當大家還談興正濃時，已經是六點多了。於是我們請他一起共進晚餐，先生竟一口答應。當我們下樓時，木心不忘要我們每人的名字，以便給我們簽書留念。那晚，木心先生吃得不多，一瓶紹興六年陳的黃酒，他幾乎沒喝，大多以茶代酒。那日精神特好，餐桌上的木心溫文爾雅，著一身筆挺西服，當我們請教先生保健（那時已七十八歲，仍清瘦矍鑠）時，他說：「吃飯六分飽。」人們常說是「七分飽」，而先生比常人還少一分，這也許就是他養身的秘訣。飯間，當我們問及「九一一」發生時，先生身臨其境，有何感覺？談及此事，只見他興致很高。他說，當時正在家中看電視，起先還以為是好萊塢的特技表演呢！而且二十多天後，他還要舉辦個人畫展，在當時情況下，是否如期舉辦，還進行了一番思想鬥爭，最後，木心決定如期進行。最後一次於國外的畫展，有三十三幅畫展出，爾後，果然轟動全美，各大媒體，一片叫好。說起這件事他也特高興，笑盈盈地說：「根據一般心理學，最悲傷的人，一般經過二十天，也會初步恢復常態的。」正是在這種理念支配下，先生毅然如期進行他的畫展。幾個小時的相識相談，真的讓我感受到一個遊子從國外回歸故鄉懷抱的興奮，也感受了一個詩人對未來生活美好的期盼。短暫的晚飯結束後，我們與他握別，望著他瀟灑的背影走上舊式的樓梯，轉折進去時，他還依依流連，向我們左右揮手。爾後，我們拿到了他上樓後替我們用水筆簽贈的一冊冊書，派人送來時，一個細節讓人難忘，一袋書的上面，用一根紅繩紮好，這無疑是詩人抑或老派文人的禮節文明！啊，如今詩人真走了，「行人匆匆，全不知路上發生的悲歡離合」。烏鎮東柵，那盞人文的幽燈冥滅了，雖我未能趕上他的追悼會，可今晚，我又重新拿出他的一本本書來重讀，因為，我想，對這樣的詩人、藝術家——我們心中的木心，一份最好的紀念，該是重溫他的文字：一個飄泊者的精神世界裡，那一顆透出書香而執著的靈魂！

木心作品

來新夏：花落春仍在

作者與來新夏在蕭山

一

接到來老噩耗，是三月三十一日深晚十一時三十二分，短信響起接讀後，簡直太難相信這是從天津發來的事實：「來新夏先生於三月三十一日十五時十分仙逝。遵遺囑『喪禮從簡，不舉辦任何告別儀式及追思會等悼念活動』。未亡人焦靜宜泣告。」那一刻，我不知所措，取消了原想上床讀書的習慣，獨熄了燈，兀自在書桌前靜坐，沉浸於一片暗光之中。我只是呆呆地想著：此刻，如若來老還在，他還會在做什麼，燈下讀書？還在為書稿打腹笥？乃或在夢中遨遊書的世界。

記得初春時分，我還與他通話，問他今年還來江南嗎？來老還是那種不慢不緊的話語，答道：「今年可能來不了，主要是腿有點走不動，其他尚可。」我聽了很高興，正如馮其庸先生一樣，每次通話，他總說腿走不動，但還能寫文、參會、訪談。於是，想來老還會來江南一走。放下電話時，一個滿頭白髮、身軀魁梧、面色紅潤，帶有儒雅風采的老人，又呈現在我的眼前。

此刻，不禁想起，二〇一二年夏秋之際，與書友們一起參加在蕭山舉行的「來新夏九十壽辰暨學術研討會」情景。那是一個難得的聚會，遠在海南的伍立楊來了，劉緒源、薛冰、王稼句、董甯文、韋泱等，還有幾位臺灣親友也趕到蕭山。天南地北的人，都為來老慶賀、祝壽、論學。那兩天，來老一臉喜采，興致勃發，話語連珠，盎趣妙然，絲毫沒有耄耋之年的狀態，更沒有一點感歎時光流逝，自傷衰老之情。他雄光煥發地對大家說：「任何時候，我不會放下這支筆，百歲時再和在坐的朋友，相聚在這裡！」聽了這樣的話，大家心裡甜滋滋的。

會上，從來老身上散發出「誰道人生無再少，休將白髮唱黃雞。」的豪邁氣概，令人興奮、激情滿懷。那日下午，參觀他在蕭山捐書館時，來老忙這忙那，後他端坐在館門入口一把椅子上，讓每一個他的小友，緊靠著他，合影留念。真的，如此「風來蒿艾氣如薰」之氣場，真讓每個參會者欣慰、欽佩不已。我私想，如此能吸引一大批年輕學人，赴會祝壽，天下除來老麾下，又由誰領！這話，是否說得過頭，並非。

來老曾說：「我雖稱不上學有成就，但知識回歸民眾的行為，卻給我很大啟示。所以我就從專為少數人寫學術文章的小圈子裡跳出來，選擇寫隨筆的方式，貢獻知識於社會。」於是，短短數年，來老為讀者奉獻了《冷眼熱心》、《楓林唱晚》、《學不厭集》、《一葦爭流》、《談史說戲》、《來新夏書話》、《且去填詞》，以及不久前出版的《交融集》、《不輟集》等十多種隨筆集。當然，還有以他的書屋「邃谷」為名的《師友》、《書緣》、《談往》、《文錄》等書的出版。

但我總感覺，來老「衰年變法」的精神，不斷自己每天在踐行，還常不斷勉勵後輩多讀多寫，看到他的許多書評，就是為他的後輩而寫。與來老交往，全在一種平等、平和、平靜、平心的境界中進行。

二

來先生，一九二三年生，浙江蕭山人。一九四六年畢業於北平輔仁大學歷史系，一九四九年入華北大學歷史教研室，為範文瀾研究生。一九五一年至南開大學任教。曾創辦南開大學圖書館系，歷任校圖書館館長、校出版社社長兼總編輯，教育部古籍委員會所屬地方文獻研究室主任等職。可在來老身上，你絲毫看不到他「以大家自居」的作風，也沒有「好為人師」教誨，更看不到「一闊臉就變」的勢利。記得我第一次與他面交，是因為細聽了他的一個講座，先生便視你為平等的學友。每次奉上拙著，不論多忙，他總細細披閱、札記後，還會抽出點滴時間，為你撰寫書評，如此的費心費力，對一位上了年紀的學術大家，實為難得。如他在《邃谷師友》中，就曾寫到這樣的往事：「二〇〇四年十一月間，我到湖州師範學院講學，張建智先生來參加講演會，聽完全程。會後還贈我《張靜江傳》……一位公職人員在公務繁忙之際，尚能從事專業性研究，的確難能可貴，令人敬佩。」又說「他這部著作為我填補了一處歷史知識的空缺，所以迫不及待地在旅途中，就斷斷續續地把書讀完。為鄉賢立傳，筆端自然常帶感情，文字也顯得流暢好讀。但這些文字是建立於豐富的資料之上，因而不失為一本具有學術性的歷史人物傳記。」之後，來先生還為拙著《紅樓半畝地》、《詩魂舊夢錄》撰了書評。也給了我這方面的鼓勵。一直來確令我感激不盡。

今晚，我翻閱由來新夏支持發起編輯的《天津記憶》，在一大堆《記憶》文中，正好翻到為來老米壽慶祝的《專號之六》第一篇〈邃穀書香〉，王振良先生說「先生藏書、讀書、用書，但絕不私之。」還說「先生藏籍豐富，每日坐擁書城，而且先生出版印行的各類成果，已逾百種，是名副其實的著作等身……」

我和來老神交與面聆多年，書架上插了來老賜贈之書，列著一排，除《北洋軍閥史》，大都有了。而來老贈書，可謂在所不惜，兩大冊《書目答問彙編》、一大冊《近三百年人物年譜見知錄》，讓我隨時查閱。可謂「散書不止，遺人書香。」如若從這個意義上說，來新夏，這三個字，在中國學界有著豐富的涵義。在歷史學、方志學、圖書文獻學，三個不同領域，都取得了開創性的成果。但他曾感慨：「人到退休之年，我方起用之時。」六十多歲的他，任南開大學圖書館長、南開大學出版社首任社長兼總編、圖書情報學系的創始人和第一任系主任。有說他是「巨擘」，是「大師」，但來老一律回絕這類空泛的美譽，說他只是筆耕不輟的「讀書人」，所以，他有《不輟集》問世，以示明志。

八十歲時，他說：「我原來在學術圈子裡頭所做的事情，只是給學術圈子裡那幾百個人看的。因此我要變法，我要把得自大眾的一些東西回饋給大眾。」來老如此變法，而出的隨筆，既帶學術性，又具知識性，更有真情實感。如文革中，眼看家中的一部五洲同文版二十四史，在破四舊中遭劫難，當線裝書被燒、濃煙滾滾時，他說：「我祗能在旁垂手而立，不敢亂說亂動。看書箱和書多少年來，像親兄弟那樣相依為命，從未分離。我呆呆地看著火勢，目送這些朝夕相處的親兄弟同歸於盡。……但仍能隱約地聽到『豆在斧中泣』那種書的呻吟。」

這樣一位終生把讀書，視為「淑世和潤身」的學者，在經歷了「囚居牛棚、軋地打場、掏高粱、掰棒子、出河工」等歷史遭遇；可晚上，仍回歸一介書生，在一盞孤燈下「盤腿而坐，閱讀和整理從火堆中被搶救出來的殘稿斷章」；試想，一個經歷了如此大悲大喜，上高山下地獄的他，年至八十，呼出「難得人生老更忙，新翁八十不尋常。」的詩。怎不使人讀出了「斜陽不語，晚景宜珍，窮堅益壯，相許莫辜負。」之志。

正因有這般的大起大落，二〇一三年春，當張夢陽先生發表《謁無名思想家墓》詩集後，早已把人間滄桑視為浮雲的來老，終說出了不尋常的讀後感，他說：「你撥動了我的心弦，終於讓感情的死灰復燃。我感動了，哭了，流下了久已枯涸的淚水。」還說，「我早已不哭了，因為我經歷了太多的折磨，太久的不公，但是我懦弱沒有反抗，只有『引頸就戮』，人家說我什麼，我都會笑臉相迎，把淚水倒流進肚裡，但你的詩掘開了我心靈的缺口……因為，它讓一位已經淡定、漫步在走向百歲的老者，在行程中感動了，停下腳步，回頭再審視。……」

讀此，我似讀出了來老一如巴金《隨想錄》中的語言，更讀出了我國詩人們常見的主題詩：「沒有痛苦成甚麼詩人的生活，沒有風暴成甚麼海洋？」我想，中國的史家，一如來老，他不就是詩人嗎，因他心中有無限的詩可唱，他的心胸就是無垠的海洋。二千年前的史家司馬遷，以及二千年後的魯迅，無不如此。「史家之絕唱，無韻之離騷」，魯迅的話，足證了這一切。

如今，來老已遠去，但他心中深藏的詩，他的大愛與大悲，他的懦弱與堅強，他留下的千萬文字，他最後的絕唱與深邃的思考，都將成為人們的珍寶，長存人間，花落春仍在。

黃裳：一段永念的往事

一

如今，陝南邨老洋房那間書齋，該是一切如舊，只是少了它的主人，難免寂廖，那一櫥櫥的線裝書也少了一雙常常摩挲翻閱的厚實手掌……得悉黃裳逝世是讀了陳子善的微博：「我極其沉痛地向微博的朋友們報告，著名散文家、藏書家黃裳先生剛剛離開我們，享年九十三歲。」他還說：「黃裳老先生因年事

作者與黃裳合影

已高，今年六月，曾因感冒引起肺部感染在瑞金醫院住了一個月，出院後越來越衰弱。之後又住了一次醫院，但只住了一晚上就吵著回家。前天又覺得不舒服，被送進醫院。五日早上我還和他女兒通過電話，沒想到傍晚就走了。」讀了這話，我有一種說不出的感覺，莫名的惋惜，更覺突兀的茫然與哀傷。特別是那句「只住了一晚就吵著回家」！是的，我想，數十年長期徜徉在小書屋中的黃老，怎住得慣那人流如海、熙攘不息的醫院呢？他多麼留戀那「榆下說書」的老屋，這書屋雖小，卻是他生命的全部。而況他還有許多東西要寫，有許多事要做，許多話要說……所以，當噩耗傳來，我不禁心裡一怔，因為幾月前，我還收到他老的信及簽贈之書，但怕打擾他，覆信遲遲，可如今一切晚了，我還能做什麼呢！今晚，正是「風飄白露天，月色又朦朧」之際，我與黃老神交面交的回憶閘門，乃慢慢打開。記得第一次到他家拜訪，是在丙戌冬至前二日，因與復旦大學聯合舉辦「皕宋樓藏書文化國際學術研討會」特去滬上，來去匆匆，所餘時間不多，但同行三人，均想去拜訪著名學人與藏書家黃裳先生。為方便起見，我們就入住離黃老家很近的城市酒店。那晚約好第二天上午十點到他家。翌日，早餐後，我們步行至陝西南路、靠近復興路口的陝南邨，附近有一個加油站，等了一會，待復旦陳麥青先生趕到，便一起前往。這陝南邨內，百年法式老洋房，一棟棟林立在那裡，環繞四周，翠綠的梧桐襯著淡黃色牆體，間有香樟、榆樹、芭蕉、紫藤，望去煞是優美。相比隔牆之外，是熙攘的市囂，恍有隔世之感。我們拐了兩個小彎，走進這一五三號的老洋房，拾級而上，樓梯陡長，層層環形，當走至三樓一個黑色鐵門口，就到黃裳家了。因早通好電話，當我們把門鈴一欽，黃老馬上自己來開門了。他拖著慢悠悠的步子，把我們迎入客廳。

二

客廳不大，一張黃舊的長沙發，前一矮矮的茶椅，左右配上兩小沙發，靠北牆和東面分別有兩隻舊書櫥，牆上各掛字畫。一幅是他老友黃永玉的荷花，另一幅若沒走眼，應是明代沈周的作品。這天，因我們是一行五人，他女兒容儀忙從別的房間拿了幾把椅子來。進屋甫坐，見黃老身體尚好，個子不高而胖胖的，有些耳背，見此狀，近他身旁坐著，如此，我只需稍稍左側，就能方便與他面對面交流起來。說起今年五月，我們幾位有機會去日本東京靜嘉堂閱讀宋版書的事，想聽聽黃老對被視為國寶的宋版書的看法。我說：「我們此次拜訪，想請黃老給我們指教有關皕宋樓藏書的學術會議。」當聽到我們就皕宋樓和靜嘉堂的藏書向他請教，剛才還是呆板著、無多大表情的他，也就興奮起來，他帶著很濃的地方口音、似有點沙啞的嗓音即發話了：「國內宋版書越來越少，我曾說過，湖州陸心源的宋版書，一九〇七年悉數給靜嘉堂收藏去了呢。我看過一些宋版書，但我之收藏大多是清代，已出的《清代版刻一隅》可窺其一斑。以往人們關注版刻圖書，大抵以宋元刻本為主，明刻就少了，清刻更寥寥而已。」就此話題，黃老與我們似很快拉近了距離，大家談興也更濃了起來。

正談不多時，突然黃老獨自站起來，悠悠然地一個人走到隔壁房間裡去，不一刻，他就拿出了一部清刻本，取掉夾板，興致很高地說道：「我最近買到了一部好書，你們看，就這一冊，並不厚，但價不菲，你們看看這部書多少價？」一聽這話，大家只能閉口啞然，因我們中除麥青先生懂版刻外，誰能鑒定這部清刻本之現價呢？此刻，突想起李輝對黃裳的描述：「黃裳頗不善言談，與之面對，常常是你談他聽，不然，就是久久沉默，真正可稱為『枯坐』。電話更是簡潔得要命，一問一答，你問幾句，他答幾個字，絕無多的發揮。」

然而，現在我左側坐著的黃老，似乎沒有像李輝說的那麼儼然，這次大家就藏書、版刻的話題談開了，無一點默然狀。暫態麥青拉高了點聲音，對黃裳老說：「這次特帶來一部陸心源的《儀顧堂集》，是光緒年間刻本。你看看版子如何？」此話一落，我們打開了八冊一函線裝本放在他面前，黃老一本本慢慢地翻閱，此刻，屋子所有的人倒真「呆坐」等他了，無一點聲響。我瞧著黃裳紅潤潤的臉色，他穿的黑色皮夾克外套，在他家南窗陽光映射下，一閃一閃地泛著光亮，連他短短的白髮、帶些紅斑的一圈圈發根處，也閃爍發亮。原本垂下的眉毛，因他正在閱書，似更下垂了。黃老雖年近九十，且正值嚴冬，看上去挺精神、記憶力非常好。見此情狀，我想起了他的《榆下說書》一書，他家樓後那棵榆樹，此刻是否也會閃發出紅紅的笑顏……但是，緊接著我就聽到他粗嘎的發音，突然把我的浮想全打斷了。

默然一刻，即聽到了他對這部版刻之評說：「唔，這刻本不過如此，是影印本，不過印製得尚精緻，這《儀顧堂集》我有，比這版本好，是真刻本，今天暫不拿出給你們看了。」接著他又重新摩挲他剛拍買到的這部清刻本，似乎急切地對我們說：「你們都猜不了這部書的價吧，我給你們看這書的拍賣發票，就知多少價錢了！」於是，他又慢騰小步，去房間找來發票，於是看到了書的標價。但價高有點令人咋舌，這麼一冊並不太厚，而且是年代較近的清刻本，黃老卻以六萬四千多元高價追拍而來；但若從他臉上顯出的喜孜孜的神態，卻看出他是以此書引為自豪的。

正當大家帶著驚詫望著他時，我心中禁不住勾起了十里洋場上的那個黃裳：一個嗜書如命在各書店、書攤上淘了幾十年舊書的滬上藏書家，和他的那些往事與近事。可就在此時，黃老就在沙發前的矮櫃上，把他覓到的這冊書，攤開頁目給大家賞析。原來，那是一本雙鉤木刻的書，正因是雙鉤的，更透出那墨美的書香。刻本名叫《宋拓夏承碑本》，署名海甯許槤（晚清著名刻書家）。刻本時間是清咸豐八年。當我們輪換捧著這部價值不菲的清刻本，欣賞不已並連連稱讚他的不凡識見時，黃老此刻似乎快樂得於眼神裡也流溢出得意的笑聲。

三

我想，日後在一個陽光溫馨的日子裡，黃老又會慢慢寫上一段精采的識文，鈐上一方朱紅的藏書印章。而那一刻的得意與矜持，更令我們無法想像。此刻，我還從他略帶沉思的目光、下垂的眉間，看到了在他的自由王國裡，寫下了別人難以比似的篇篇妙文，那情趣是多麼灑脫和風雅，真使我們看到了「恂然一翁，深居小樓，藏書著文，自得其樂」的獨享平靜暮年生活的大家。

我看到的那一瞬間的黃裳，也正如周汝昌先生的一段話中寫的：「他願意以文遣興寄意，自得其樂……也可同時予同好者以自得之樂……變自得為共用。」確實，陶淵明的王國在山野，在「登東皋以舒嘯，臨清流而賦詩」之中，而黃裳卻大隱隱於市，在「以文遣興，得藏書而自樂並與人共樂」中，兩者自有差異而又有同歸，他真可謂現代大都市的高人。但是，黃裳還有「喜打筆仗」的一面，與張中行、葛劍雄、止庵等有文字之爭，我想，這正反映了作為一個真正的文人與讀書人的黃裳，有其獨具風雅和耿介的一面，他容不得半點誹怨、一點流俗，甚或一種誤解。他的文字雖沒有魯迅那麼尖銳，但當我們讀他的序跋，筆戰時的剛柔相濟的文字，卻也少不了刺人心靈的凌厲之氣，以及鋒利的規諷之旨。這便是一個平靜老人的另一面。

那天，當我們大家認同他的拍書之樂時，他為了與我們進一步共享其樂，又突然邁進內屋，不一刻，他又拿出一套長長的大刊本字畫，讓我們欣賞。他一邊翻給我們看，一邊不無得意地說：「這是我從浙江富陽華寶齋買來的，他們給我打了折，也要六七千元一套！」聽了，我們都為他之獨得而一笑，因為這些大刊本字畫的確色彩悅然，但價是貴了些。而我卻在他下垂的睫毛下，又看到黃老此刻眯起細細的睿智的眼睛。他近似枯坐不動聲色，也許是讓我們盡情地觀賞。

沉默了片刻，麥青把話題轉到他剛由復旦出的《清代版刻一隅》一書上，大聲對黃裳先生說：「這部書印得還滿意嗎？」黃老拿起書，看了看說：「尚好，還不錯，很清晰。」麥青見他瞇著眼笑了笑的那刻，又大了些聲對他說：「大家每人帶了一本你的這本書，想請你老簽個名紀念如何？」只見黃老二話沒說，向我要了一枝筆，隨即一一簽了給大家。我們拿到黃老簽名本，先後感謝他時，他又與我們說到了他最近出版的一系列書。我乘便問他，這些書好銷嗎？他說都是出版社約他的，無礙。此時他又下垂兩眉，坐著，我看他瞇眼瞧我們，像是等著我們說話。而我看他的神情裡，猶正在自顧自地回憶著他的藏書樂趣。

我坐在他旁邊，不知怎的，又突兀地想起好幾年前由張中行在《讀書》上的一篇文章，從而引發了葛劍雄與黃裳關於馮道、周作人的論駁。於此想來，其實這位來燕榭主人，雖身處鬧中取靜的社區裡，但也並非只是關心藏書、版刻等，也並非只是遣興寄意、自得其樂而已。可以說，他無時不在關注著外面的世界，那些人那些事，那世事的更興、時局的變化啊！大家沉默片刻後，麥青又高聲說：「黃先生，這次我把稿費帶了來，請你過目！」隨即，麥青把帶來的稿酬如數給他，然後叫他在單子上簽字。隨後，我也把新近拙著一一簽名奉上，請他指正。然後我環顧他書櫥中所藏的書，又坦率地向他再要一本他的書。可是，他大概沒有聽清我的話，以為我要請他寫一幅字給我，他著急地做了個手勢，似乎在說今天或說冬天，他寫毛筆字不行，然當他聽明白了我的意思後，黃老很快就走到櫥邊，又一次打開門鎖，只見他利索地拿出三本書：《插圖的故事》、《皓首學術隨筆——黃裳卷》、《夢雨齋讀書記》捧在手中，然後一本接一本簽了名，放到我手中，我慌忙站起，向他拱手作揖。在這剎那間，我真不知如何感謝他好！其實我心中想的，只是再要一本就很滿足了，不想他瞬間動作特快，一下子從書櫥裡拿了三本簽贈予我，在場有好幾個人，真不好意思；如其中一本，簽給了來滬前曾托我有機會也想請黃裳老簽一本書的那個文友，該多好啊！但在這般場合，我哪敢再多言呢？

四

然而，這剎那間的一切，卻讓我一睹了年輕時的黃裳的一點印跡，看到了他學的雖是大學機電專業，爾後卻做了記者、高級職員等多種職業，他也曾是個「追星族」，也曾出任過美軍翻譯，年輕時奔波在成都、重慶、昆明，一九四五年還隨美軍遠征印度。這些經歷，無不反映了他對人做事是那樣瀟灑、意氣風發、決然毅然的個性特質。

我們和黃裳已消磨了一個上午，時間告知我們應與他告別。麥青抓緊時間，因我正坐在黃裳旁邊，就近水樓臺，與他坐在一起合影，然後大家在他長長的黃沙發上，又一起照了相，留做日後紀念。我們與他全家人告別時，真有點依依留連，因我們想與他交談的事還多著呢。黃老一直送我們到門口，我走在最後，看到他一直站在那裡目送我們，到樓梯轉彎子，已快看不見人了，他還在門口向我們招手。那日，我晚上到家後，還顧不上吃飯，就打開電腦，馬上給我遠方的好友發了封郵件：「在上海耽兩天，有一個上午到陝南路復興路口的陝南邨，終於拜訪了黃裳先生，與他消磨了大半天，感想是：一如見到了竹林七賢中的一個隱士，正引琴而彈、聲調絕倫……」如今，陝南邨老洋房那間書齋，該是一切如舊，只是少了它的主人，難免寂廖，那一櫥櫥的線裝書也少了一雙常常摩挲翻閱的厚實手掌。儘管死亡如強烈的休止符，可以讓人的生命戛然而止，然黃裳老先生的故事，卻是永遠說不完，永可說下去的，它像一部長長的經典樂章，吸引著每個時代的愛書人，以他們的生命讓書香綿延不絕，我想，這該是黃裳老先生未完的最大心願。

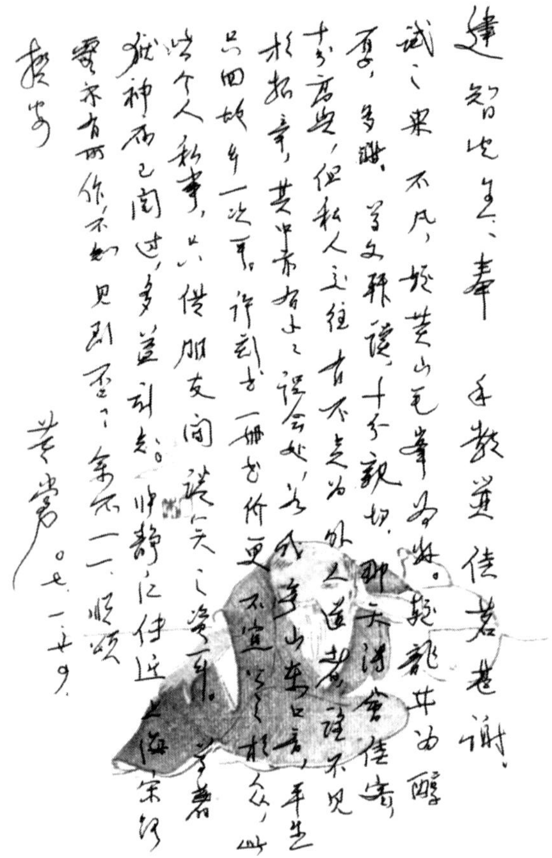

黃裳手跡（給作者信）

陳夢家：與趙蘿蕤的一段姻緣

一

記得王世襄在世時，我聽他談得最多的是兩個人，其中一個就是陳夢家。他老常掛在嘴邊的一句話是：「如夢家還在的話，那明代家具研究的著作，就肯定輪不到我寫了！」……陳夢家在逝世十二年後終於平反。可正如趙蘿蕤說：「深可惋惜的是，他死得太早……他還可寫出許多著作，為他所熱愛的祖國現代化增加一些磚瓦，但是他沒有能這樣作。」近讀趙蘿蕤的《讀書生活散記》（鳳凰讀書文叢），書中所收之文，大都是未曾刊出的珍藏手稿，得之於湖州師院兩趙紀念館（趙紫宸、趙蘿蕤父女）的收藏；其中作者生前自存剪輯稿二十七篇，餘稿十二篇，其他十七篇，計五十六篇。讀後得了許多人生與讀書的教益。這些妙文，從未聞世，尤覺珍貴。從趙散記所涉的歷史與往事，很自然的就會想起陳夢家與趙蘿蕤伉儷

陳夢家與趙羅蕤

來了。陳夢家（一九一一——一九六六）是我國現代著名的詩人、古文學家和考古學家，浙江上虞人。趙蘿蕤（一九一二——一九一八），我國著名翻譯家、英美文學研究學者。兩位都是中國學術界的大家。對於這樣的一對夫婦學者，同時也是鄉前輩，餘生也晚，惜緣慳一面。但是，作為詩人的陳夢家，卻神交已久最早，應該緣於讀他的許多新詩（我喜收上世紀二三十年代出版的詩集），迄今藏有他的一九三一年一月版的第一部詩集《夢家詩集》，每有空暇，我常翻讀。記得大約有十多年時間，常不時拿來吟誦；尤於「文革」中，無書可讀，惟這部詩集，與我相伴，給了我幾多無法替代的精神慰藉。現在回想起來，那時，每當翻讀夢家的詩，眼前即會浮現出一個俊美才子兼學者的形象，幾十年過去了，至今還留存我美好的記憶之中。陳夢家，出身於一個上層知識分子的小康之家，誠如趙蘿蕤在《憶夢家》中所述：「他的父親陳金鏞老先生曾任上海廣學會編輯，是一位非常忠厚純樸的長者。」夢家自小受到傳統文化的影響，同時受教會學校歐美思想的教育，這樣的生活環境，無疑日後造就了他充滿矛盾的思想、氣質與個性。「夢家在中央大學學的是法律，最後得到了一張律師執照。但是他沒有當過一天律師而是從十六歲便開始寫詩，一九三一年便出版了他的第一冊詩，並立即出了名，那時他還不到二十歲。」（《讀書生活散記》二一六頁）當然，他的一舉成名，離不開兩位老師兼詩人的器重與教導，一是聞一多，一是徐志摩。一九二七年秋，因聞一多到中央大學任外文系主任，教授英美文學，陳夢家常去聽課受益匪淺。一九二八年秋，聞一多離開中央大學，次年，徐志摩應中央大學校長張君謀之聘，任外文系教授，講授歐美詩歌，陳夢家的才華，又得到了徐志摩的賞識，更有長進。比如，夢家的詩〈那一晚〉，當年就是由徐志摩推薦，以「陳漫哉」的筆名揭載於《新月》月刊二卷八號上，這一首次公開發表的作品，遂引得讀者的歡喜。受聞一多、徐志摩詩歌理論的影響，一九三〇年一月，年僅十九歲的陳夢家，在《國立中央大學半月刊》一卷七期上，發表詩論〈詩的裝飾和靈魂〉，這是陳夢家詩歌創作的藝術主張。

二

一九三一年一月二十日，由徐志摩主編，陳夢家實際編輯的《詩刊》季刊，終於在上海出版。撰稿人除聞一多、徐志摩、饒孟侃等前期新月詩人和南京詩人群成員外，還有林徽音、卞之琳、孫毓棠、曹葆華等新加入的北京青年詩人，這標誌著「後期新月詩派」的形成。而在這一過程中，陳夢家已成為新月詩派的一員主將。就我多年讀陳夢家的詩，覺得於中國新月派詩人群體中，他的詩藝、獨具的形象與靈魂，比聞一多、王統照的詩，似略勝一籌。這也使我迄今還能背誦他的一些詩：一朵野花在荒原裡開了又落了／他看見青天，看不見自己的渺小／聽慣風的溫柔，聽慣風的怒號／就連他自己的夢也容易忘掉。（〈一朵野花〉）我悄悄的走了，沿著湖邊的路，留下一個心願；再來，白馬湖！（〈白馬湖〉）今夜風靜不掀起微波／小星點亮我的桅杆／我要撐進銀流的天河／新月張開一片風帆……（〈搖船夜歌〉）讀這樣的詩，清新，樸實，又具象徵，令人不忘，讓我仰慕。然而，陳夢家也有新寫實主義的詩，那是他親臨戰場寫出的詩。如

〈在蘊藻浜的戰場上〉：在蘊藻浜的戰場上，血花一行行／間著新鬼的墳墓開，開在雪泥上；／那兒歇著我們的英雄——靜悄悄／伸展著參差的隊伍——紙幡兒飄，／蒼鷹，紅點的翅尾，在半天上弔喪。／現在躺下了，他們曾經挺起胸膛／向前衝鋒，他們喊，他們中傷；／殺了人給人殺了，現在都睡倒／在蘊藻浜的戰場上。……這是一九三二年，「一·二八」戰爭爆發，十九路軍在上海抵抗日寇，那隆隆炮聲，震醒了深埋詩人心底的愛國激情。那時刻，陳夢家與同學親臨火線，搶救傷患；他看到的是，勇敢的中國士兵，在彈雨中無畏地衝殺，而掛彩的傷患，染成了血人；有戰士犧牲時，還保持著舉槍瞄準的姿勢；田野茫茫，到處壘著抗日志士的新墳。陳夢家在戰士墓前，為我們寫下了這樣動人肺腑的詩篇。當然，誠如他的夫人趙蘿蕤所說：「作為詩人，夢家的創作生涯前後只七八年。」「一九三四——一九三六年，他在燕京大學攻讀古文字學。從此以後他幾乎把他的全部精力都傾注於古史與古文字的研究。」所以，作為詩人的陳夢家，又作了轉型，爾後，在學術上的成就，應是他主要的貢獻。一九三七年盧溝橋事變爆發，陳夢家與趙蘿蕤夫婦離開北平，輾轉到了昆明西南聯大。從一九三八年春到一九四四年秋，陳夢家除教書外，仍孜孜不倦致力於古史與古文字的研究。陳夢家在西南聯大時，已撰有《老子今釋》、《西周年代考》等著作。隨後夫婦倆就去了美國。陳夢家在美國，除了在芝加哥大學當教授外，遊歷了英、法、荷蘭、瑞典等國，目的是收集青銅器的資料，編寫一部流落美國的龐大的青銅器圖錄。約三年，他終於完成了在美國的研究任務。那時，國外學術界對他的研究成果均表示讚賞，就連喜歡收藏的瑞典國王，瑞典最著名的漢學家高本漢（現諾貝爾獎評委馬悅然的老師）無不敬佩他。當時，羅氏基金會的負責人希望陳夢家能永久留在美國工作。然而，作為愛國詩人、愛國學者的他，顧不上在美國過現代化生活，享有有尊嚴的學術地位，仍回到了清華，只冀於把自己的研究成果貢獻給祖國。誠如趙蘿蕤後來回憶說：「解放前夕，他曾經勸告許多欲去臺灣的專家學者，他懷著十分欣喜的心情，迎接清華、燕京的解放。」

三

當然，令他想不到的是，一九五一年開始了對「知識分子思想改造的運動」，知識分子必須改造自己的「資產階級思想」，並清算「美帝文化的侵略」。教授們必須在群眾大會上逐個進行「自我檢討」，還須「揭發批判」別人，以徹底清洗自己的靈魂。被認為態度惡劣的人，被隔離反省。之後，就開始了院系調整，大學重組（如從教育事業發展看，其實是一次折騰）。教會大學如燕京大學都停辦了。清華大學的文科也取消。陳夢家在清華大學受到批判後，離開學校，被分配到中國考古研究所。但一九五二年，陳夢家隨大學院系調整後，還繼續他的甲骨學與西周青銅器研究。約三十年的工作中，他為我們留下了《中國文字學》、《殷虛卜辭綜述》、《尚書通論》、《西周銅器斷代》等大量著述，留下了約近千萬字的學術與文學作品；逝世後，尚有二百多萬字未及整理。當然，我對陳夢家的真正識見，一得益於撰寫《王世襄傳》，一得益於能讀到湖州師院兩趙紀念館所保存的資料。我多次聽王世老談起陳夢家。記得王世襄在世時，我聽他談得最多的是兩個人，一是陳夢家，一是張蒽玉。他對亦師亦友的兩位，無限懷念。他老常掛在嘴邊的一句話是：「如夢家還在的話，那明代家具研究的著作，就肯定輪不到我寫了！」如今，我們讀王世襄留下的〈懷念夢家〉一文，當年，兩位學者因共同愛好，之間產生的情感彌久深長，歷歷在新。王世老說：「我們既已相識多年，現在又有了同好，故無拘無束，不講形式，有時開玩笑，有時發生爭論，爭到面紅耳赤。夢家此時已有鴻篇巨著問世，稿酬收入比我多，可以買我買不起的家具。例如那對明紫檀直欞架格，在櫓班館南口路東的家具店裡擺了一兩年，我去看過多次，力不能致，終為夢家所得。」那時的陳夢家，比王大三歲，均是燕京大學讀書，只不過王入燕大時，夢家已是攻讀古文字學的研究生了。所以，在明代家具收藏上，陳比王更具學識，物質上更有條件。但是，王也有其優勢，那就是他靠一輛破車，不惜費工夫費大勁，逛鬼市走地攤，偌大的北京城裡城外，他到處能跑，故能收到夢家坐在書房裡所不得的家具。他們倆有時為了一件家具，可爭得面紅而赤；甚或相互比試，互相逗玩，煞有介事地各自表現一番。當然他們是朋友，更是明式家具收藏上的錚友，故誰也不想奪人所好。陳夢家與王世襄這段難忘的友誼，維繫了有十多年之久，直到「文革」各自遭難，但於收藏古家具上，還是難兄難弟。一如王世襄所說：「就是一九五七年兩人都被錯劃成右派了，也沒有中斷過來往。」

四

可以說，陳夢家與王世襄的友情，平易率真，性情互見，從未有任何芥蒂。王老還說：「我對夢家的認識則是：一位早已成名的新詩人，一頭又紮進了甲骨堆，從最現代的語言轉到最古老的文字，真是夠絕的。」這，就是王世襄對陳夢家敬羨不已的評說。一九五七年，陳夢家被劃為右派，是史學界著名五大右派——有黃現璠、向達、雷海宗、王重民，但陳夢家當時年齡最小。夢家被劃為右派後，他的夫人趙蘿蕤，因受到過度刺激，導致精神分裂。陳夢家劃成右派後，對他懲罰是：降級使用。當然，比起那些被送到北大荒的人們來說，他受到的處罰不算最重。他仍然在考古研究所作研究，曾經一度下放到河南農村勞動，作踩水車等等。但緊接著的是那更使人難熬的「文革」。一九六六年八月，陳夢家在考古所被「批判」被「鬥爭」。他們的家被抄，他們夫婦的住房也被別人佔用。一九六六年八月二十四日，那晚，陳夢家在被鬥後，離開考古所，來到住在附近的一位朋友家中。他告訴朋友說：「我不能再讓別人把我當猴子耍了。」這時，考古所的一些人跟蹤過來，在他的朋友家中，強按他跪在地上，大聲叱罵他。然後，這些人把他從朋友家又押回考古研究所。當天晚上，不准陳夢家回家。那樣的日子裡，紅衛兵滿城到處抄家打人，燒毀文物，沒收財產。當時的考古研究所位於北京市中心，離王府井大街很近，穿過馬路就是中國美術館。那天夜裡，陳夢家被關在考古所裡，他被剝奪了一切，已遠不止是做人的體面和尊嚴。於是，陳夢家在八月二十四日夜，寫下遺書自殺，但未遂。十天以後，陳夢家又一次自殺，最後自縊，於一九六六年九月三日死於非命，僅五十五歲。也許，作為陳夢家的一生實踐了自己的諾言，人民將永遠不會忘懷這位赤誠的詩人與學者。只是，魯迅曾說：「但倘有同一營壘中人，化了裝從背後給我一刀，則我的對於他的憎惡和鄙視，是在明顯的敵人之上的。」如今，離陳夢家去世，已半個世紀了，遙想當時，究是自己同一營壘中人，還是化了裝的人所為，至今似難分辨。但終究是應驗了陳夢家曾說過的一句話：「這是『一九八四』來了，這麼快！」陳夢家雖歌唱過「小星點亮我的桅杆……新月張開一片風帆」，可那時，沒有他理想中的新月，更沒了小星去點亮人生的桅杆。他也吟出過，「榨出自己的血甘心釀別人的酒」（〈自己的歌〉），但而一九六六年的那天，正是大地上月黑風高的晚上，一個詩人與學者的血，是被榨出來了，但釀出了醇香的酒嗎？啊，往事如煙，終無法究其所想所為了。可令人扼腕的是，這麼一位大家，正是學術上最有成就之際，卻過早地凋謝了。真的，一個詩人之死，「是那麼實在，可又這麼空無，是這麼不容懷疑，可又這麼不可思議。」總那麼讓人沉痛地不能忘卻。雖然，陳夢家在逝世十二年後，終於平反。可正如他夫人趙蘿蕤所說：「深可惋惜的是，他死得太早……他還可寫出許多著作，為他所熱愛的祖國現代化增加一些磚瓦，但是他沒有能這樣作。」的確如此，他死得太早！這正是人間莫大的損失與悲哀。

如今，半個世紀已悄然逝去，寫此，筆者只能引一首詩，作為對陳夢家的哀悼。詩曰：「他們的心是不會理解詩人的，他們的心不能夠愛他的心靈。不能夠瞭解他的悲哀，不能夠共用一切的歡欣。」

是的，那個時代的人是互相隔膜的，不能理解世界的一切以及一切的人。整個社會，唯崇拜的，是「翻天覆地」、「唯鐵與血」、「與人鬥其樂無窮」。殊不知人的自由與和諧，在那個天地裡？那樣的時代中，豈容得：一個真正的詩人的存在？

一些可能的文學理論

（一）形式與內容可分不可分的理論

從批評的方法上說來，要判斷某一作品的好壞，似乎無法避免不把形式和內容分開來說。從創作方面說起來，則把形式和內容截為兩種手續，要真是創作的話，似乎也無法把形式和內容分開來作。這個形式和內容可分不可分的問題久已是一件很傷腦筋的事。正如在說到一個人時，他的身體外表和他的心性內裡是否可分開來說，那當然是可以的，但他之所以為他，他生氣時會這樣一副臉容，恐怕他自己是無法分開來表演的。

那麼以人之為人的理也許可以推出文之為文的理來。在悲時所表現的悲容，（或說悲容所表現的悲）和喜時所表現的喜色（或說喜色所表現的喜）也就差不多等于悲思之形于悲文，或喜思之達于喜言。究竟是先悲呢，還是先悲容？先喜色呢，還是先喜？這又因為批評和創作的立場不同，而所以先後也不同。批評家大概是需要會到了悲容才能體會悲的，而那創作家則不得不先悲，才能表悲于容。以文學批評的辭彙來說，批評家是從文章的形式上發現內容，而創作者則由于內容的本質而表諸于形式。換句話說，那創作者的情思應該是較早于文章，而批評家的鑒別則往往從文章中理會了那情思。再換句話說就是創造者不會能先求了悲容才觀出悲思來——那也許是可能的，所以文學中才充塞了許多虛偽矯作的東西，批評家更不可能預感了對方的悲思才發現那一副悲容——那也許也是可能的，所以文學批評家們常硬把他們自己的先入之見，自己的理論派在創作者身上，而因此根本忘了創作者的表現本意。好像所以我們常常發現一個批評家以應該是「喜」的個人的先入之見，從而認那創作者的悲容也解作喜色了。口端恰藝把這種「先入之見」名為 stock response.

于是我們可以假定這樣的理論：形式與內容是可合也不可分的。從批評家的任務是必需先分開來的，而創作家的任務是決不能先把牠們分開來的。我看重那些字，是因為批評家在[illegible]

趙羅蕤手稿

巴金：從故居所想到的

一

那日，有機會參觀巴金故居紀念館，看了他曾經生活半個世紀的一間間舊房、日常用品、曾經閱讀過的書，他幾十年生活、寫作之場景，難以計數的文物、圖片、資料等等，似還原著一個真實巴金的氣場和氛圍。當參觀完，靜靜走出故居，令我默然又想起，早在二〇〇五年十月十七日，巴老已離我們而遠去——不盡之思似波濤，在心底起伏不息。所謂睹物思人，時間雖過去了八年，可凡熱愛他的人，總留下些許悲痛。巫甯坤先生曾說

上海巴金故居

「死亡絕對不會戰勝」。那麼，參觀了巴金留下的一切，如今，他「生在大化中」，猶宇宙間一粒微塵，彷彿還在我們的身邊。

回家晚了，燈下讀巴老的文集，這位語言真樸、心胸坦誠，從「五四」成長起來的中國作家，晚年所寫的隨筆散文，更是寓意深邃，選材精警。他的〈懷念振鐸〉一文，字裡行間透出真摯之情，讀畢此文，不禁掩卷沉思、歎息不已，起身憑欄，遙望夜色，心頭即升起一種憂鬱沉重之感。

這篇〈懷念振鐸〉，講述了巴金和冰心在莫斯科訪問，突然得知鄭振鐸在蘇聯遇難，這對他打擊很大：「我只記得冰心說了一句『我想他最後在想什麼。』而她沒有告訴我她的想法，我也沒有多問。第二天在回國的航機上，我一直在想著振鐸，我想知道，他最後在想什麼？」

一九五八年，鄭振鐸在蘇聯遇難後，巴金始終在想一個問題：冰心「為什麼那麼敏感，她首先想到的是這麼一個問題？」現在看來，冰心的敏感，確是一個先見。而這樣的事，這樣的問號，總在巴金心間沉甸甸地掛著，時光流逝，一晃四十多年過去。

不管這個謎底是什麼？巴老到了一九八九年這個大轉折的年代，在他的生命還剩下不多的時間裡，他還在繼續思考這個積年已久的問題。他終於忍耐不住了，又用他顫抖的手拿起筆，欲把這個問題向世人寫出自己的所思所憂。但是，就這樣寫寫停停，停停寫寫，寫了漫長的十年，卻始終還沒有寫完。僅寫了四千多字，留下的還是篇未完稿。

我想，在巴老心中想著鄭振鐸的時候，他心中一定還會湧上除振鐸外的許許多多悽楚的往事，還有類似的那些人那些事，總猶如一粒粒鉛屑那樣，密密麻麻充塞在歷史的隙縫中，同時也在他心底沉澱著，且都是巴金親身所經歷的。

二

當年，他和鄭振鐸最後分別的情景是：「那個中午，他約我在一家小飯館吃飯，我們頭腦都有些發熱，當時他談得最多的就是這個。（即兩三個月後，在共產主義社會再見！）他忽然提起要為億萬人的幸福獻身！他很少講這一類的話，但是從他的一舉一動我經常感受到他那種為國家、為人民獻身的精神。」

鄭振鐸先生為什麼以前「很少講這一類的話」，而「當時他談得最多的就是這個」呢？其實，巴金有所不知，處於當時的形勢下，鄭能講些什麼呢？自一九五一年全國開展「三反」，雖然鄭振鐸一直埋首於故紙堆中，但頻繁的政治運動此起彼伏，當時他雖身為文化部副部長、國家文物局長，但只有俯首聽命之義務，無一點實際權力。這有王世襄親歷的兩件事可作佐證。據邵燕祥先生說，「王世襄是忠厚長者，絕口不言人非，但說到前輩學長時，對傅斯年、鄭振鐸略有微詞」。而對鄭的微詞，主要有兩事。一是一九五〇年代，鄭振鐸時任故宮博物院的上級國家文物局局長，他下達王世襄一項任務（王時任陳列科長），必於三天內在太和殿布置出一個「偉大祖國文物展」，且須把故宮精品陳列出來。王世襄認為三天實在太急了，因太和殿正在舉行「抗美援朝展」，光撤前展最少得一天，為此，弄得不好哪一件人間稀寶會遭殃，那「簡直是在開玩笑」！多年後王世襄還為此事心中發慌，雙腿發軟。王認為當時身為局長的鄭振鐸，完全是行長官意志。殊不知鄭只是聽命而已。（《今晚報》二〇一〇年九月二十九日）另一件事是「三反」運動時，王世襄不幸遭冤「盜寶案」，被羈一年多後，開除公職。當時，王向故宮的上級文物局局長鄭振鐸反映實情，但鄭未能施以援手。

對於這些當年不解的問題，若從歷史角度看，也許就不難理解。因為，連鄭振鐸自己也「泥菩薩過河自身難保」。反右運動後，緊接著是一九五八年大躍進運動，鄭振鐸身處「假、大、空」時代，無法擺脫當年的荒謬。

今日，只要一翻一九五八年八月十三日《人民日報》，撲面而來的記載是：「麻城建國一社，出現天下第一田，『早稻畝產三萬六千九百多斤』的豐產紀錄。」還有比這更高的調子，如當年《廣西日報》記載：「廣西三江侗族自治縣的天下第一田，欲達到畝產二十五萬斤指標。」當年大喊大叫的是：「人有多大膽，鋼有多大產。」（《工人日報》）一九五八年九月二十八日）……這類口號是當時大唱特唱的調子，任誰能說個「否」字？

身處這樣的年代，一些正直的知識者還能談些什麼呢？除了沉默外，鄭振鐸向巴金談得最多的，當然只能：「要為億萬人民而獻身的精神」了！好在鄭振鐸於一九五八年，那樣的年代，卻突然因公逝世了。

三

想起這往事，就令人心痛。但讓他更心酸的是「好人沒好報！」。

巴金曾道：「……後來聽見一位朋友說，本來要批判他，文章已經印好，又給抽掉了。這句話使我很不舒服。」的確，那炮彈早已經準備好了，然而卻沒有活靶子，因為作為被批判的活靶子鄭振鐸，突遭空中遇難死了。巴金知道，連鄭振鐸這樣對中國文化有過大貢獻的人，也要受到批判，而且連批判文章也印好了，只待哪天需要，即可炮製出籠，心中無不荒涼。

其實，在北京的文化界，鄭振鐸早已內定為一個批判的重點人物。一九五八年五月下旬，全國開展「插紅旗、拔白旗」運動，鄭振鐸首當其衝，成為眾矢之的。六月二日，《文匯報》點名批評他「厚古薄今」。緊接著，《光明日報》也陸續發表批鄭文章。八月下旬，文學研究所決定所內群眾批判鄭振鐸。到了九月，北京大學中文系一研究會發表批鄭文章，公開點名「鄭振鐸是中國文學史研究者中的一面大白旗」。九月下旬，文化部領導層內部對他進行批判幫助。那時，他不斷地作檢查，一次又一次地接受批判。極左路線使文壇荊棘叢生，人事更為錯綜。鄭振鐸所撰著作被肢解、被批判，甚至外聯到胡適。他的保護傳統文化遺產之說，成為「厚古薄今」的罪狀。更有趨炎附勢者，又落井下石，心術不正者更是上綱上線，不置他於死地不善罷甘休。

鄭振鐸，治學嚴謹，為人清高但寬鬆厚道，一生嚮往光明。隨著對他的批判不斷升級，反復的折騰，甚或整人，他彷徨了。鄭振鐸一反平日習慣，忽然提「要為億萬人的幸福獻身」了。九月下旬的日記，他又憤怨地寫道：「下決心不再買書。」一位視書如命的學者，卻要與書決絕，足見他已到了怎樣一種絕望的境地。

十月十七日，鄭振鐸終於有了率團出國訪問的機會，批判會暫停，但批判文章繼續出籠。天有不測風雲，飛機在蘇聯上空失事，一代英才就此隕落。

「虛負凌雲萬丈才，一生襟抱未曾開。」所以，當巴金參加鄭振鐸追悼會後至鄭家時，曾回憶說：「在陰暗的屋子裡，面對用手絹掩了眼睛、小聲哭泣的鄭大嫂，我的每句話都顯得很笨拙，而且在刺痛自己的心。」

反右的日子，巴金看到別人遭到批判時，特別是如振鐸這樣的人也不放過，在這熱熱鬧鬧的大躍進時代，他只感到很孤獨、非常寂寞。他只「匆匆地逃出來，我拉著曹禺的手要奔往『共產主義』，我不知道它在什麼地方……」這便是巴金當時所懷有的一顆疑惑而惶恐不安之心。巴金體會了當時的政治運動給他一些好友帶來的無限痛苦，再加上鄭振鐸之死亡，使他的心靈受到深深的震動，並對「共產主義」有了些許的迷茫。「我發現自己講慣了的豪言壯語全是空話。」

可是，那時是靠豪言壯語過日子的，如失去了它就「皮之不存，毛將焉附」。當時，為應付報社，巴金寫了哀悼文章，但再多讀幾遍時，就覺得很內疚，好像侮辱了朋友。因為，鄭振鐸的一生，從不為自己而生活。

四

作為新文化運動的宣導者、文學研究會的創始人之一，巴金親眼看到在敵偽時期，鄭振鐸住過的小屋，為了搶救寶貴的圖書，寧願自己過艱苦的生活，甚至拿生命冒險，為我們的中華民族，保存了多少文化財富。鄭振鐸在國難深重民不聊生的時期，不惜重金搜救很多寶貴文物典籍，並全部於解放後捐贈了國家。他一生為保存祖國的文化，要付出了多麼大的勞動，也只有他自己知道！

巴金，他作為文博事業上的一個外行，曾說，他願以公民的身分，向鄭振鐸表示感謝。可巴金說：「但是……在鄭振鐸死亡前，卻很少有人向他感謝。連外行也知道感謝，而且只是以他一個小小的公民的身分去感謝……這不是極大的一個悲哀嗎？」

鄭振鐸的突然遇難，應了普希金的「活得匆忙來不及感受」那句有名的詩。但巴金日後所經歷的殘酷現實，使他從模糊變得清晰起來：「自己不知從什麼地方找到一種面具，戴上它用刻刀在上面刻上奇形怪狀，反而以醜為美。再發展下去，便是殘害人類的十年，將人作狗。我受了不少折磨和屈辱。我接觸了種種不能忍受的非人生活。」

這是將人變為芻狗的年代。由於巴金自己切身的體驗與經歷，於是，他雖哀傷鄭振鐸的不幸而亡，但隨著時間的流逝，又感於他的老朋友——「振鐸有幸」了。死本是人之最大的不幸，可是在那乾坤顛倒的年代，甚至在求死而不得的年代，鄭振鐸之生命能及早凋謝，在巴金看來反而成為有幸了。巴金的這一想法，如在一個正常社會，那是不可思議的。可在當年，鄭振鐸如不遇難，「都說他即使活到了『文革』，也過不了那一關」。這確是大實話。在那風雨如磐的「文革」年代，並非危言聳聽，一如老舍、傅雷、陳夢家……都過不了那一關。

在這方面，巴金倒很坦率，他說：「我反復思索，為什麼我過得了關而他過不了？我終於想出來了：他比我好；『他正，正直而公正。他有一身的火，要燒掉從各方面來的明槍暗箭』。」

根據巴金自身體驗的幾十年經驗：處在這樣的年代凡能低頭彎腰，能承認那一切胡話，只有毫不留情的批判自己，只有這樣才能順利過關，反之就難於生存了。巴金還總結出一條很重要的生存經歷：「根據這幾十年的經驗，我能忍才能過那一個一個的難關。這並不是容易的事；忍受奇恥大辱，我一直認為，活著是重要的，活著才能保護自己，伸張正義。而不少在『運動』中，在『文革』中被人整死的人和所謂『自絕於人民』的人，就再找不到說話的機會，也不能替自己辯護了。」

「我忍受了十年的侮辱。固然我因為活下去，才積累了經驗，才有機會寫出它們；但我明白了一點：倘使人人都保持獨立思考，不唯唯諾諾，說真話，信真理，那一切醜惡、虛假的東西一定會減少很多。活命哲學和姑息養奸不能說沒有聯繫。以死抗爭有時反能產生震撼靈魂的效果。」

五

巴金的這兩段有關活命的話，使我想起錢鍾書在《管錐編》中所引的話：「受國之垢，是謂社稷主；受國之不詳，是謂天下王。正言若反……」如若照蘇轍的話，他也認為：「正言合道而反俗，俗以受垢為辱，受不詳為殃故也。」

其實這不難設想：只要處在仍是封建式的一言制狀態下，不論是如巴金式的忍辱負重地活了下來，還是不能忍辱地死亡了的人們，在那樣的時代，往往總是「正言若反」的。巴金活得長壽，有幸作了歷史的見證人。

當人心中除了猜疑恐懼便容不下別的事物。封建的歷史往往如此。

鄭振鐸沒有遇到「文革」，巴金等到並參加了「文革」。但巴金每一次遭受屈辱，就想到他的老友振鐸，以及其他許多同命運的人。我們再來看巴老在一九九九年初，是用什麼樣的心情懷念他的老友的：

「……幾十年的光陰沒有能好好地利用，到了結帳的時候，要撒手也辦不到。悔恨就像一鍋油在火上煮沸，我的心就又給放在鍋裡煎熬。我對自己說：『這該是我的最後的機會了。』我感覺到記憶擺脫了我的控制，像騎馬向前奔逃，不久就將留給我一片模糊……」這是巴金在生命最後所做，並在想著的一件件事。

那麼，以此，他的好友鄭振鐸最後在想什麼呢？我想，鄭振鐸六十歲遇難，一介書生，意氣風發，一生遭了那麼多批判，遇難時最後在想什麼，其實巴金行文已道破了許多，一如朱維錚先生所說的，欲「破那謎底，其實也不難」。但我想，那謎還是懸著，隨時間之推移，便會自解。

在這裡，還得借用詩人艾青的一句話作結：「為什麼我的眼睛裡常含淚水，因為我愛這土地愛得深沉。」

朱維錚：百年思索

一

對於朱維錚的作品，我早讀了一些，如一九九五年的《音調未定的傳統》，就給我留下深刻印象，他每篇作品，均充溢著高亢而深邃的思想，音容意氣，充溢於字裡行間，其間還鋪墊一層濃烈的情感。雖然寫的是學術性文章。朱先生治學嚴謹、功力深湛，可常年還堅持在教書育人的第一線，雖帶博士生但仍

朱維錚夫婦與作者在南潯合影

一直為復旦本科生開課，被評為「學生最喜愛的導師」。我想，於今日一切向錢看的市場經濟大潮中，單就這一條，便令人敬佩不已。而今晚（三月十日），突然從上海電視臺獲悉朱維錚先生逝世的消息，不禁愕然。雖說，早知道他患病有時，但前一段時光，聽說病有些好轉，就為之高興。現噩耗傳來，真不太相信，但復旦學子的追思活動，電視已播出二天，而今又接到《走出中世紀》的責編陳麥青先生，發我短信，說：「朱先生患病，自手術後到逝去共二十一個月，實在病情險惡，無力回天，惜也！」記得辛亥百年紀念時，重讀他為紀念戊戌維新百周年與龍應台合編的《維新舊夢錄》，更使我愛不釋手。龍應台在書中為我們留下了〈百年思索〉一文，她把中國放在十九世紀各國的大背景下，作了畫面式的強烈對比，如那時的維也納：「每年都賦於個人以新的權力，司法愈來愈溫和與人道……愈來愈廣泛的社會階層，獲得真正的選舉權，從而，通過合法手段來難護自己的利益。」而朱維錚先生在這本書中，為我們留下了〈晚清的「自改革」與維新夢〉長達數萬字之文。他例舉眾多晚清文獻，於體制、改革、地域，以及慈禧兩度垂簾聽政等，為我們繪出十九世紀黑暗的中國，那是：「官制不善，習非所用，用非所用，一官數人，一人數官，牽制推諉，一事不舉，非鑽營奔竟，不能療饑……貪財汙鄙……」

他的文字深刻，準確、警醒，為我們剖析中國走入近代歷史以後，社會思想始終陷入一個怪圈，復惡性循環不已，從而對國家政制的固弊，提出了他獨到的質疑：「難道當年誘發的維新夢的種種問題，也消失了嗎？非也。戊戌至今，歷史又走過了一百年，再度瀕臨世紀末……吏治腐敗，機構臃腫，冗員浮濫，特權猖獗，法治不立，教育陳舊，決策黑箱運作，言論毫無自由，諸如此類現象，仍然不停困擾著本世紀的改革者。這不是任何辯護者所能掩飾的。」這樣的質疑，令我有振聾發聵之感。這是朱維錚於一九一八年所寫的文字，充滿了歷史的真實，也充滿了他個人的飽滿的激情與憂國憂民的精神。這在他為本書選擇出三十多人，如龔自珍、魏源、郭嵩燾、曾紀澤、譚嗣同等，當年，那些維新志士的文章，即見一斑。「回顧中國十九世紀末，變法有了點曙光，新政有了個起步，但很快就在中國大地上被殘踏而熄滅了。」

二

朱先生作為一個近代史學家，無不在其文字，在其心靈上，為中國求索了二百多年而未成的民主自強之路而憂心。在這條崎嶇而漫長之路上，中國之所以一直徘徊甚至倒退的原因，「竟是中國人自己」，這在朱先生看來，是一多麼可悲的歷史現象。當讀到朱先生在這本書中，那些一針見血的文字，我可以真切地感受到朱先生寫此文時，內心的痛苦和憤激。我曾聽過朱先生非常贊成魯迅的話，他說，「我贊同魯迅的話，批評應該好處說好，壞處說壞……我批評現狀，是希望現狀能有所改變……」聽了這話，在這裡，也可借用李長之在《魯迅批判》一書中說過的話：「中國的社會，不錯，有了曙光了，但是積厚沉陰的暗霾，那是需要雷和閃電的。」真的，讀了朱先生的書，他的名字，我彷彿「便覺得是滾圓的活躍的血似的長蟲所盤攏的身軀，也就彷彿熱沸的溫泉所奔流著的路徑。」也許，朱維錚先生繼承了經學研究的正統，且進一步超越，認為經學應該走出中世紀神學，繼承五四以來的啟蒙，並與現代思潮接軌。這正是中國傳統知識分子，最後一代人的姿質。

說來有幸，我和朱先生的相敘，正是在二〇〇七年十月十二日，那時他正在浙大做一個講座，當晚，我們能在美麗的西子湖畔的新新飯店相見，燈光下，只見先生長得結實槐梧，雖已步入七十歲出外的年齡，似有一股英俊瀟灑之氣拂來。宴間，我們大家走到那裝飾一新的高高的陽臺上，一賞秋高氣爽的西子湖夜景，朱先生雖話語不多，但很興奮，也頗幽默。那天，麥青先生特地帶來了出版不久的《走出中世紀》一書，朱先生一一為我與紹平先生題簽。那晚，以印線裝書著名的富陽華寶齋，蔣放年的女兒蔣鳳君，也從富陽趕來助興。談書論文，不亦樂乎，顯然朱先生白天在浙大講了一天課的疲勞，也因談興甚濃而頓時消失。而就在杭州那晚上，我邀朱先生能來湖州，作一個有關歷史乃或國學的講座。他當即爽快地答應了我的要求。

十月二十一日，朱先生與夫人、陳麥青先生，終於前來湖州講學。那日下午，從上海一路行來，途經江南名鎮南潯一遊，那是短暫的參觀，但嘉業堂之藏書，劉承幹的適園，正是金銀桂花送香的季節，九曲橋湖畔，樹木蓊鬱，入秋的陽光，澄藺的天空下，那日園內，空氣格外清新，這一切使整日用心苦讀，從書齋中走出的他，心情分外閒適。第二天下午，前往湖州職業技術學院苕溪大講堂，做有關國學的演講。那日，朱先生從什麼是國學開講，然後把國學、國粹、國故的歷史，細細作了辨析。而中國歷史上，源遠流長的文化形式，隨時代之變，如何來發展自己的民族文化？朱先生皆娓娓道來。他沉穩有力的講演上，始終認為「堅持從歷史本身來研究歷史」，以及「真理是通過爭論而確立的」，是他立論的主題。還有中國歷史的悠久曲折，必須「從真實的歷史事實」來闡明這一切。

這次講座，氣氛熱烈，聽眾如雲，有老師、學生，也有各界人士。演講結束後，學校師生、校領導大家團齊在一起合影留念。朱先生還笑盈盈地告訴我，他不太喜到處講演走動，而這次能成行至一個錢玄同，沈尹默的故鄉，一個江南文化底蘊深厚的地方講學，他真的十分高興。

三

幾月後，我有機會到他上海的家中，他領我觀賞那兩大房間的藏書，然後，又信步帶我們走至他另的一間書房，我們一邊喝茶一邊聊談天。當聊到他的長文《走出中世紀——從晚明至晚清的歷史斷想》，先生特地與我談了他的真實的寫作動機。這次，我還向他請教史華茲的《尋求富強：嚴復與西方》和《古代中國的思想世界》兩書所闡思想。（因朱先生有解讀〈史華茲的「思想世界」〉一文，刊於二〇〇七年文匯報學林）這次，我還冒昧大膽向他提出：「先生為何還要用一些馬克思的觀念，乃或《資本論》的觀點，來分析你的論述？於今是否有點過時。」他聽了，卻不像有些人面對質疑脾氣不好起來；仍舊沉穩又慢條斯理地回我說，「也許，我年輕時代就深讀馬恩的學說，馬克思的五種形態的結論，我不信，但他的『歷史要從事實來闡明一切！』這話我信，我到德國講學時，也講我的想法。」也許，我不屬於他們學院派的圈子，所以這樣的唐突之見，他對我不作計較，也有可能。但我覺得這樣的爭論，他卻反而興奮，於此，他說話更坦率。如他對當前中國大量的人口流動，過春節時流民、車輛達到如此高峰，不無憂慮重重說：「中國歷史多次發生流民事件，且流民若如不加引導，也會引起流寇之事的發生。」親聆他一番話，不管怎麼說，一個知識分子的憂國憂民之心，拳拳可見。我想，這話其實在他《走出中世紀・增訂本》第二十三節中同樣有論：「從秦朝末年到清朝中葉，二千年間，它曾經屢次被造反的農民所打爛，……因此，而造成的週期性無政府狀態，或者導致頻發性前封建體制的復歸，在當時都曾使憂國之士吃驚與呻吟……。」

後來，陳麥青先生又轉我朱先生簽名本《走出中世紀二集》（二〇〇八年五月），這裡邊的許多文章，發表時一直受到許多學者的青睞。因為，無論從史實從理論，抑或從文采，讀後均能折服人的。書中的一些論述，也最能見出朱先生「治史的卓識與功力」。其中，他對明清二祖（明太祖、明成組）三帝（康熙、雍正、乾隆）不無好感，對「康乾盛世」也不以為然。的確，朱先生有自己為學的力場與愛憎。他總是堅持自己鮮明的個人觀點，決不隨風倒，決不騎兩面牆。我想，抑或有些偏激之處，但卻充分展示了他的獨立治史的判斷，這從一個側面，也充分繼承了陳寅恪治史的「獨立之精神，自由之思想」。所以，才有了劉夢溪先生之評：「我喜歡他的直言無隱的風格。其實我們吵過架，但很快重歸於好。我因此說維錚是『學之諍友而士之君子』」，「我讀維錚書看到的作者，宜乎「獨斷之學」勝於「考索之功」。因此他是一位名副其實的「高明者」。的確，朱維錚「看重思想的力量。他的學問是活學問，不是死學問。」

朱先生長期習慣夜裡讀寫，上午睡眠。「上帝雖未垂顧於他，卻為他撥出比常人多的多的時間。瘋狂閱讀加上驚人的記憶力加上超強的理性分疏能力，成為朱維錚學問過程的主體精神結構。」（見劉夢溪《思想的力量》）除上述著作外，朱先生還主持編校了頗具影響力的《中國文化史叢書》、《馬相伯集》、《中國近代學術名著》（叢書，已出十種）、《利瑪竇中文著譯集》等，當然，還有尚待編輯的大量文稿。但是，這一切，耗費了朱先生多少心血，消盡了多少血肉之軀，直至他生命的最後隕落。

如今，朱維錚先生走了，我重又拿出他長達二個小時的演講錄音，靜靜地在電腦上聽著，他的聲音我喜聽：沉穩、有力、節律感強。而今天正是他的追悼會，我未能去為他送行，然而，本想電請麥青代獻花圈，但想想只是形式；最好的紀念，還是讀朱先生的一本本著作，乃或寫一紙悲情悼文，寄託哀思，送史壇「鐵骨錚錚的秀士」上路。甚或我想，有哪位復旦學子，能與我合作寫一部《朱維錚傳》，連同他的文章，一起長存人間，我相信，他與天下之友誼，亦永留人心間。

陸心源：皕宋樓的藏書

一

湖州的陸心源（一八三四——一八九四），系清末四大藏書家之一。他生於道光十四年（一八三四），浙江歸安人（今湖州）。他自幼天資聰慧，好讀善悟；五歲入私塾就學，即有異於一般的兒童，特別喜歡讀書；十三歲時，能誦讀九經。二十歲入縣學，被稱為「苕上七才子」之一。對於清代的學者，陸心源特別推崇顧炎武，喜歡研讀他的著作，所以將家中的大廳，署名為「儀顧堂」。

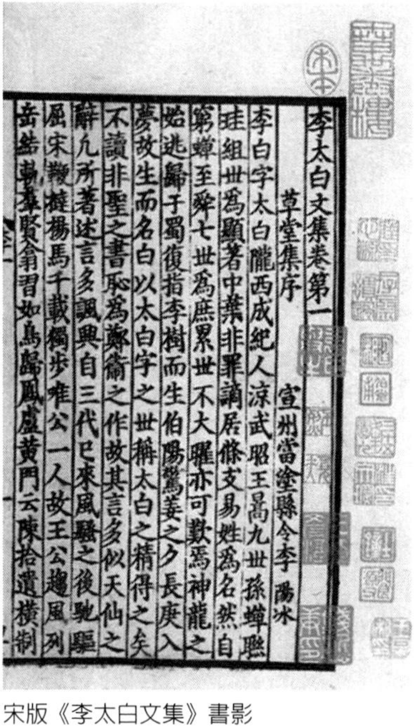
李太白文集卷第一
草堂集序　宣州當塗縣令李陽冰
李白字太白隴西成紀人凉武昭王暠九世孫蟬聯
珪組世爲顯著中葉非罪謫居條支易姓爲名然自
窮蟬至舜七世爲庶累世不大曜亦可歎焉神龍之
始逃歸于蜀復指李樹而生伯陽驚姜之夕長庚入
夢故生而名白以太白字之世稱太白之精得之矣
不讀非聖之書恥爲鄭衛之作故其言多似天仙之
辭凡所著述言多諷興自三代已來風騷之後馳驅
屈宋鞭撻揚馬千載獨步唯公一人故王公趨風列
岳結軌羣賢翕習如鳥歸鳳盧黃門云陳拾遺橫制

宋版《李太白文集》書影

其藏書富饒，內容涵蓋了經、史、子、集，並以收藏宋元舊槧而著稱江南。他不僅是一位名譽江南的藏書大家，還為讀者留下了極有價值的著作。其著作體裁多樣，遍及目錄、版本、校勘、題跋、方志等。其論其藏書，著作成就，晚清的一些藏書家，未有人能望其項背。

陸心源聚書，有一個漫長的過程，貫穿其一生。就數量增長而言，從「萬卷」、「五六萬卷」、「十五萬卷」到「二十萬卷」；就宋元舊槧的積聚而言，從無到十幾部、幾十部到數百部；就藏書活動的主要內涵而言，從搜集、賞鑒、校勘、考訂到著述。總之，陸心源的聚書過程，是他生命裡的一個非常奇特的過程。且崎嶇曲折，歷經幾十年而成。如三十歲之前，他好學、喜書、愛書，節衣縮食地購書，甚或典衣易書，好不容易，歷十多年努力，才聚書萬卷。

陸氏並沒有祖輩藏書的記載。陸心源因喜愛讀書。凡遇未見過之書，必欲購而讀之。當時，他家境一般，所以有時為購書籍，不惜典當衣服。據記載：「該紳自少即喜購書，遇有秘笈不吝重貲或典衣以易之。自為諸生時，所得已不下萬卷。」若從他留下的著作《儀顧堂集》來看，此時尚未有搜得宋元舊槧的記錄。但是，這是陸心源藏書的起步階段，為日後的發展奠定了良好的基礎。

而他時運較好，三十歲至四十歲，卻受清朝廷派於粵閩為官，陸心源從政為官，又是藏書的愛好者。他四處搜書，不數年積至五、六萬卷。同治三年（一八六四），陸心源三十一歲，以知府銜分發廣東。同治六年（一八六七），其卸去廣東高廉道職，回鄉奔喪。這幾年，他從廣東、直隸再至廣東為官，所得俸金，大量購書。當他由京城回故鄉時，所攜物中，裝有書百匱。觀者皆笑其迂，認為何物不可帶而盡攜書。據李宗蓮《皕宋樓藏書志序》云：「先生偶見異書，傾囊必購。後膺特簡備兵南韶，余私揣南韶劇任，又值羽書旁午，當無讀書之暇矣。未幾，丁封公艱歸，裝有書百匱。」（《皕宋樓藏書志》）

其時，雖然收書不少，但宋元舊槧還很少，據《儀顧堂集》十二集（高州本）所載序跋統計，搜獲的宋元舊槧不過十八部而已。

同治十一年（一八七二），應閩浙總督李鶴年奏調去福建任職，他不忘搜訪閩中故家藏書。他說，「予粵東歸田，本無出山之志，後聞陳氏藏書散出，多世間未有之本，遂奉檄一行。」

二

這個階段，正是太平天國運動和第二次鴉片戰爭之際，大江南北在兵燹之餘，有許多家藏書，散出求售。據《湖州府志》云：「庚辛之際遭兵燹，而故家遺籍蕩然無存。近歸安陸氏，購書甚勤，不數年積至五、六萬卷。」他陸續購得各地藏書家散出之收藏。當時統計，搜獲的宋元舊槧，慢慢增至三十二部。

陳氏，是閩南藏書家陳徵芝，字蘭麟。有「帶經堂」藏書樓。卒後，藏書散出，大半歸於周星詒。陸心源多方網羅，收得陳氏舊藏本三種，後又從周星詒處收得不少好書。

同治十三年（一八七四），陸心源四十一歲時，決定隱退，離閩歸里。其時，他歸里後，四處蒐求。此時，陸心源賦閒在家，有閒暇時間。他此時，於江浙一帶搜集著名藏書家散出的精品，已得書十五萬卷。從福建罷官歸里後，陸心源未再出任。所以，自光緒元年始，他有閒暇的時間，又善治生之術，主要在家鄉附近，江浙一帶，搜集藏書家散出之精品。其中最關鍵的是收購郁松年的藏書。

上海郁松年，善搜書，在獲得黃蕘圃的部分舊藏，又羅致了江南諸大家的收藏，遂成為道光時期最大的藏書家。同治初年，郁家變故，藏書漸漸散出，自然為眾多收藏家爭購的對象。陸心源便於同治三年（一八六四）開始購得郁氏藏本。光緒初年，他從福建罷官回鄉，遇書商持目錄，來售郁氏的書，得知郁家還有不少藏書。對這樣的機會，陸心源當然不會錯過。他在《元槧玉海跋》中說：「及余自閩中罷歸，有以郁氏書求售者。餘閱其目，是書在焉。因以善價得之。詢其何以仍歸郁氏之由，……余始恍然。」（《元槧玉海跋》）

直至光緒六年（一八八〇）夏，陸心源又陸續購得郁氏售出的一批藏書。這在李慈銘《荀學齋日記》中，曾有如斯記錄：光緒六年庚辰十二月二十一日，「詣傅子蓴小坐，晤其門人陸某，歸安人也。言其從兄心源今夏以番銀八千餅，盡買上海郁氏藏書，得精本甚多。」（李慈銘：《越縵堂日記》）

陸心源前後數次購得郁氏大批藏書。日本的島田翰也曾說，「今案其目，總四萬八千餘冊」。若每冊依二卷推算，四萬八千餘冊當為九萬多卷。故有「皕宋之書，大半出於郁氏」之說。

光緒八年（一八八二）陸心源四十九歲，《皕宋樓藏書志》刊出。李宗蓮曾在序文中寫道：「十餘年來，凡得書十五萬卷，而坊刻不與焉」。「宋刊至二百餘種，元刊四百餘種」。這些數字可能被誇大了，但是，這個階段陸氏的聚書，確實一躍而上了一個的新臺階。陸氏搜購郁松年宜稼堂藏書後，其藏宋元舊本、影宋元精抄以及明清以後刊本達十五萬卷之多，無論在質與量方面都足以躋身大藏書家之列了。這以後，他的藏書雖然繼續有所增加，確實還有一些《皕宋樓藏書志》未曾收錄的書，也有「通計所藏至二十餘萬卷矣」的說法。（李慈銘：《越縵堂日記》第十二冊，廣林書社，二〇〇四年五月版）但是，新增的精品遂漸減少。

此際，五十而不惑之年，陸心源已經躋身大藏書家之列。他把主要精力用於整理收藏，著述刻書　編目整理，潛心著述。那時的他，似象一個學者，把時間基本用於著述、編輯的叢書、參與編撰的方志等方面。成為其藏書生涯中，最燦耀的生命體驗。

三

陸心源，靜心整理藏書，但其主要精力，放到著述刻書上來。在其《上李石農侍郎書》中，對當時的生活有過這樣一段描述：「平生著述已刻者，無論《宋詩記事》補遺於太鴻原輯三千家。外增一千七百餘家，未能考得仕履者，尚有百餘家，急切未能付梓。《金石萃編補正》約可得二百卷，較之原書有贏無絀，甫將就緒，尚待勘校。而改修《宋史》之稿，正如滿屋散錢，體例難定。《群書校補》刻成僅三十卷，其餘均待復勘一行。」的確，家中收藏存放著這麼許多好書，要一本本閱過研究，定費時不少。因為他藏書之理念是，不光得書便罷，還待時日，慢慢消化吸收。這是一個學問家的標誌，確是一個真正的藏書家，不可不通向的艱巨之道。

光緒五年，開雕《十萬卷樓叢書》三百八十五卷。以後數年，《皕宋樓藏書志》、《儀顧堂題跋》、《唐文拾遺》、《宋詩紀事補遺》等著作，陸續出版，匯總為《潛園總集》九百餘卷。此外，編輯《湖州叢書》六十二卷，筆者曾有機緣，在北京的中國政法大學特藏館內，看到這幾十卷叢書。

爾後，陸心源參加編輯《湖州府志》九十四卷。至光緒二十年（一八九四），他臨終前一年，完成著述、編輯叢書、編撰方志等合計達一千五百卷，成為晚年藏書生涯中星光燦爛最末的一個征途。

陸心源的藏書中，一個最大的特點，宋元善本較多，他自己的著述也豐富，這是在眾多的藏書家中，獨樹一幟之處。應該說，他不是專門搜採異本的收藏家，也不是獨嗜宋刻的鑒賞家，是一位元在目錄版本學等多個領域都有重大貢獻的學問家。他在《儀顧堂題跋》、《群書校補》中表現出的校讎能力；在《皕宋樓藏書志》、《千甓亭古磚圖錄》中表現出的鑒賞能力；在《唐文拾遺》、《宋詩紀事補遺》中表現出的文獻輯存能力，充分表明「考訂，校勘、收藏，賞監四家，陸氏可謂兼而有之。」（潘美月：《陸心源及其在目錄版本學上的貢獻》）

這在中國歷代藏書家中，是十分罕見的。陸心源聚書，從一介書生到學問家，體現了我國私家藏書的學術性。而他的中壯年是高峰期，恰逢當時太平天國運動和鴉片戰爭，確看出他性格特徵中，具備了艱巨、刻苦、耐勞（腦力）的性質特性，在那樣多變複雜的時代裡，他「方是時受喪亂後，藏書之家不能守，大江南北，數百年沉薶於瑤台牛篋者，一時俱出」。於是，陸心源獲得了以極低廉的價格購得大批善本的機會。上自苕溪嚴氏芳椒堂，下迄歸安韓子蘧，「有一無二手稿草本，從飄零之後摭拾之，盡充插架，以資著作，素標緗帙，部居類匯，遂為江南之望矣。」這是對陸氏的考驗，當然也是機緣。

陸心源的藏書，大半得自郁松年，而郁松年部分藏書得自曹楝亭。而陸心源部分藏書，得自瞿紹基，而瞿紹基部分藏書，則得自稽瑞樓、愛日樓兩家。明清時期的江南藏書家多集中在江蘇的蘇錫常和浙江的杭嘉湖、寧紹一帶，藏書家之間的古籍一直在流動。而從書的流動，可以映射出時代的轉型、變動、財富資源變化，甚或貧富之變動。總之，一個大變局的社會動亂，既造成了百姓巨大的災難，也給藏書家提供了千載難逢的機會。我們可以說，這種變動，不是你搶我奪、爾虞我詐，這種傳承，也不是家族的世襲變換，我認為，這是藏書家之間，一種代表中國文明之光的傳遞。

作者在靜嘉堂閱宋版書

吳藕汀：最後的詞人與文人畫家

苦中作樂的思想者

我與吳藕汀先生（一九一三——二〇〇五）訂交，約在上世紀七八十年代。三十餘年來，於江南水鄉小鎮一隅，他雖每天為柴米油鹽忙碌，但自號「藥窗書屋」、「畫牛閣居」的陋室，以及他那份苦澀中的閒適，似乎屬於另一個世界。吳老哪怕是在最困難甚至家裡揭不開鍋的時候，也始終和顏悅色，誠待周圍的人，融洽無間。其情其景，追溯其源，我想，這大概與他素來信守人不能「跪著吃飯」的精神有關。

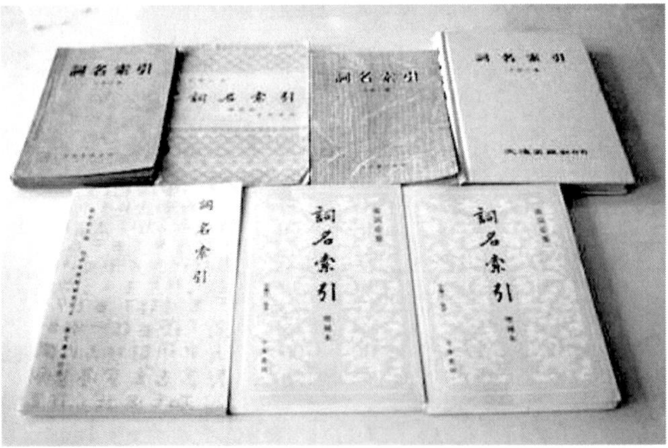

吳藕汀的詞著作

近日，小汀兄把《十年鴻跡》上下兩冊（中華書局二〇一〇年十月版）贈予我。每晚於燈下展讀時，我猶如讀到了另一種《中國大百科全書》。在這些文字背面，使我領略了「人是最脆弱的，但又是最堅強」的深切感受。

迄今，給我留下印象最深的，是一次我到吳老家中，他正在畫一幅名為「冬」的畫。環望他家，四壁皆空，他睡的木床只是在磚地上用四堆磚頭搭起的一個竹鋪，上面僅有一床破花絮當被，真可謂「環堵蕭然，不蔽風日」。又看到旁邊有一隻小花貓，正在打瞌睡。正值秋冬之際，我瞧著那飄著雪花的畫面，坐在老屋中，寒床、寒氣，冷風直透進身骨，感覺格外的寒冷。

吳老自己曾寫道：

我在病榻上寫《煙雨樓史話》時，狸貓天天偎依著我，使我敗絮的被池裡，增添了溫和的暖氣。所以我一見這本書，就好比看見我的狸貓。（見〈貓債〉）

幾十年在外鄉，在漫長的政治運動中，幾乎無親朋好友往來，作為一個思想精神的孤獨者，他當時的處境和內心的傷感，確是難以用言語來表述。然而，從吳老留下的眾多詩作中，還是能體味到一種雖處困厄，但對人生之真諦依然執著追求的情懷。

暗壁藏烏鼠，殘書蠹白魚。夜深無寐月兒孤。卻憶花陰，描出捕蟬圖。埋骨紅薇樹，喪身綠蝶裾。樓頭青草幾番枯。對此愁宵，思念小狸奴。

這樣苦中作樂的意境，惟人文精神昇華者方能達到。只有吳老這麼達觀的人，才足以自解、自慰，甚至詼諧地自嘲。

到了七十年代末，雖政治環境有所變化，但吳老生活仍一貧如洗。一九七九年秋，老友沈侗樓將去皖北，吳老送行，有詩云：

強作歡顏酒一樽，欲言無語愧閒人。
終違心意陽關曲，雲散星離暫且分。

又說：

堤畔垂楊絲欲竦，從今唯望雁鴻書。
鄉音付與驪歌唱，寂寞潯溪百草廬。

當時，吳老居嘉業堂藏書樓旁一小橋邊，詩云：

惜別河橋欲斷魂，一帆風順送征君。
此行千里歸來早，莫忘高堂倚裡門。

這三首詩，既道出了與老友別離時的愁緒滿懷，又寫出自己困頓、孤寂之情狀。我讀吳老詩不多，但覺得他的詩風樸實自然、情感豐盈，詩中意韻不遜古人，暢達易懂，恰是那時代厄運的真實的記錄。

吳藕汀出身於富商之家，曾一心想投筆從戎，卻未能如願。正因於此，日後他的詩詞、畫印，所發時評等，無不打上叛逆且先鋒之烙印。他寫有一詩叫〈立報〉，表明他對國內外消息、時局的關注。詩曰：

志雖狹小大園場，檮杌縱橫滿紙張。
海外傳聞容易讀，有關要事載端詳。

他曾說：「我從十七八歲起，就對國際時事格外關心。這種自發性的興趣，沒有受到任何人的的影響。」所以，吳老的遺作，無論從何角度看，處處有新意，總有動人處，總給人從寂寞中走出來的希望，從不沉溺於愁悶之中。

吳老曾記敘：

辛酉年初八，沈侗樓、單培根兩兄同來南潯顧我。與之游小蓮莊，訪王孫樂兄。兩兄雖不能飲，但杯酒之歡，在所難免。吟詩作畫，以至三鼓。……次日兩兄去蘇州，我有〈歲寒

> 三友〉詞「送侗樓、了叟之吳門」云：「丹青遇合度深宵，雞唱來朝。濛濛細雨，昧昧薄晴，分手河橋。甚處折楊，眼明枝上飄。匆匆聚首別魂消，去路迢迢。那得思君夢裡，香雪紛紛滿嶺坳。目送轉輪，茫茫無所聊。」

可以想見，他們那時窮愁潦倒，酒不會是上等的，菜肴也不會是高檔的，但詩書畫印，吟誦唱酬至三鼓，次日又在濛濛細雨中，送別諸友於河橋邊流水旁……而在吳老的一篇篇詩文中，類似這樣的從愁腸處升騰出境界的段落俯拾皆是。

七十歲時，他有一首〈阮郎歸〉詞：

> 光陰眼看飛馳，莫言催老衰。人生七十古來稀，而今但解頤。夕陽晚，曉雞啼，相逢非昔時。排除煩惱望春歸，放歌一闋詞。

人生七十後，他從寂寞中走出，並以人生從頭越之精神，走向更高的境地。他對金錢與名利淡如煙雲，曾說：

> 我出身於較為富裕之家，錢我見者多矣。視金銀之類，不覺其貴。得之漠然，失之亦不喪然。真可以說不知稼穡之不易，不信財物之不賤。雖遭劫運，性猶未改。誠無飯可以不

吃，無衣可以不穿之念，故爭名奪利，想也未曾想到。張心逸兄初次見面就說我「君子愛財，取之有道」。也沒有做到，真有愧也。雨人、錦郎雖屬新交，實同舊友。經常勸我賣畫，能得薄酬，亦合情合理。我也知道，能得「閒來寫幅丹青賣，不使人間造孽錢」何嘗不好。以俊秀的作品，換取低廉的代價，是正當的。倘使用拙劣的東西，騙取高價的行為，那是恥辱的。不過一般看來，仍以售高價為榮，取廉值為恥，此已根深柢固，不可逾越的了。但是我行我素，人言亦無可畏也。

我想，一個人雅到了家，或俗到了底，反而能走出象牙之塔，寫出人人都能心領神會之妙文，古今中外，無不如此。吳藕汀在他的《十年鴻跡》裡，所取大多是瑣語偶談，但令我們從中讀出另一種中國文化，其涵蓋了歷史、民俗、考古、文字學、宗教等領域；初讀之下，只覺是談詩作畫、友人酬唱、談己評人，但從細微處以及字裡行間，不時閃現出人生哲思、達人睿智，足見精神內涵之豐富。字裡行間不僅充滿獨到見解，時有喟歎與對人生之幽默，其翔實的史料、引經據典與清詞麗句，足讓人神怡，還能讀出其獨立之人格、自由之精神。它反映了時代風雨，是對社會的一個局部透視，更是折射時代的一面鏡子。

特立獨行之士

生於上世紀之初的那些文化老人，無論遭遇多少坎坷，何種阻隔，他們總是在接續一脈相承的文化之源，按照自己的個性精神，執著地向前流淌，直至漸成大觀。吳藕汀無疑就是其中之一。當然，吳藕汀與眾多文化老人自有不同處，那就是他的特立獨行，是文化生態上獨樹一幟的狂狷之士。如在《十年鴻跡》一書中，他常會發出一段與眾不同之語，比如他對《三國演義》的看法：

> 我對曹操並無好感。《捉放曹》裡殺呂伯奢，當然不是實事，而酖荀彧、殺華佗卻不是虛造。曹操之贖回蔡文姬，使其母子分離，匈奴此時無可奈何，實為勢力所迫也。只得母子生離，夫妻訣別。《胡笳十八拍》猶在懷念自己生離的兒子，故在後部八拍之中，無一不流露她思念兒子的哀吟。故而曹操強迫文姬歸漢，是為他粉飾太平，哪裡是件好事，實質是一件萬惡的惡事。同情曹操者並不是郭沫若一人，魯迅也在〈魏晉風度及文章與藥及酒的關係〉中說過：「……因當時正在黃巾兵亂之後，且又是黨錮的糾紛之後，這時曹操出來了。不過我講到曹操，很容易聯想到《三國志演義》，更而想起戲臺上那一位花面的奸臣。但這不是觀察曹操的真正方法。……其實曹操是一個很有本事的人，至少是一個英

雄。我雖不是曹操一黨，但無論如何，總是非常佩服他。」我以為說曹操好話的人，都不是本份的人，魯迅、郭沫若等等係一路之貨也。曹操雖然文經武略，不可一世，自以深究兵術，熟讀兵書。可只見了《孫子兵法》，這是吳孫子。偏偏齊孫子的《孫臏兵法》沒有見過。我的書架上倒插有一本，真是見其未見之書，任你本事再大，這一點你就比不上人也，哈哈，好不得已煞人也麼哥。

又如吳老對中國畫壇的看法，也獨樹一幟：

我很想寫一本《百年來中國畫的動態》。但是年紀老了，又僻居一隅，資料難尋。沈侗樓兄[1]筆墨鋒利，足可當得。他的條件，又可謂足夠。但是他喜歡在畫法上下功夫，對中國畫的興衰，則置之不顧，真使我非常遺憾。

百年以來，也可算是洪楊以後，中國畫處於脫離政治的方向。一些人，有家有當，自命清高，不與外聞。閉門造車，專以仿古為事。一些人，宛如工匠，迎合主顧，不賣金錢，無以為生，專以鬻畫為事。盡皆是「閉門不問窗外事」的人，任憑畫壇，群魔亂舞，與己無干，毋動於

[1] 時任安徽阜陽師院美術系副教授。

心。此時就有一些畫西洋畫的人，在國外無人顧問，回到國裡，招搖撞騙，也以中國畫來抬高自己，作為騙人的手段。這些人既然已經不要中國畫，而去學西洋畫。到了國外，又回到中國來畫中國畫，你想還有什麼好的東西。倘使洋畫畫得好，早在西洋立定了腳跟，回來作什麼。可見在國外沒有了出路，還有何說。好在國內的畫家，都是昏庸之輩。只顧自己，不知畫學之興亡。於是被這夥懂得政治的藝術騙子，霸佔了中國畫壇，以致真正的中國畫，已失去了地盤，被排擠出畫壇之外，出現了用線條來改變中國畫的怪現象。劉海粟、徐悲鴻等等，都是西洋畫的失敗者，中國畫的破壞者。雖然現在要想有所改變中國畫壇，恐已是無藥可治的了。

又如，他對魯迅於傳統文化上之看法，也另有自己獨到的見解，他曾說：

魯迅非但不懂中醫和中國畫，他對中國戲劇也不懂。看他《南腔北調集》的〈看蕭和「看蕭的人們」記〉裡說：「……此後是將贈品送給蕭的儀式，這是由美男子之譽的邵洵美君拿上去的，是泥土做的戲子的臉譜的小模型，收在一個盒子裡。還有一種，聽說是演戲用的衣裳，但因為是紙包好了的，所以沒有見。蕭很高興的接受了。」這幾句話，頗有輕視的味道。與他的《花邊文學》裡的〈略論梅蘭芳及其他〉二篇，很有異曲同工之謬。

有人說他「偏執怪異」，有人說他多「怪話」，也有人稱他「逸士」，我都不敢苟同。我認為，在半個多世紀裡，吳老在幾乎與世隔絕的狀態下，於「斗室中的天下」心無旁騖，惟有詩書印畫、諸子百家伴著他。他心中自有一盞燈在亮著。在那是非顛倒、黑白不分的年代，他是一位清醒的思想者，也是一位痛苦的思考者。他於無奈與自覺中留下之文字，他對於人世間一切的拷問，你不論贊同或反對，但足可啟發人們，去思索更多的東西。

在歷史長河中，十年僅僅是一瞬間。《十年鴻跡》這部書，讓我們讀到了一個文化老人，真實平常的內心世界。有人說：「每一位偉大人物，和我們同一空間呼吸的時刻，未必能理解他的價值；等到一朝謝世，時間造成了歷史的距離，後輩才能看出他的精光異彩。」我非常認同這句話，在我心裡，吳老就是這樣的人。

吳藕汀的文人畫

梁宗岱：完成感恩的《晚禱》

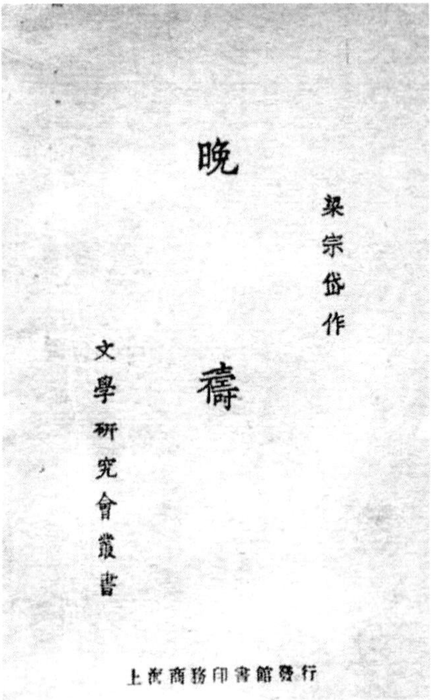

一九二五年商務印書館出版的《晚禱》初版本

站在籬邊

讀梁宗岱《晚禱》，總有重重的畫面感在我眼前不斷地湧動著、交織著：一八五九年，巴黎南郊巴比松鎮上質樸的鄉村畫室中，法國十九世紀傑出的現實主義畫家米勒，正若有所思地凝視著一張未完的畫作，畫中一對農民夫婦沐浴在昏沉的暮色中，虔誠地頷首禱告著，赤裸的雙足，踏著貧瘠的土地，腳邊有兩小袋馬鈴薯，便是他們幾個星期的口糧。畫家米勒，皺了皺眉，正迅速地抓起畫筆，蓬鬆而茂密的鬍子也隨之上下顫動，寥寥數筆，畫中遙遠的地平線上，隱顯出一座小小的教堂。幾周後，米勒將這幅原名「土豆的歉收」之畫，更名為「晚禱」，後在巴黎的藝術沙龍中展出，畫中悲淒而聖潔的意境，震驚四座。

一八二四年，中國廣州郊外一所綠樹環抱、花蔭掩映的教會學校裡，二十歲的梁宗岱，剛結識了一位嫻靜文雅的同班女同學陳存愛，那時的結識雖很傳統，可令他心靈裡，泛起了陣陣愛的漣漪。但是，他倆青澀的戀情，很快便因梁家的包辦婚姻，早早的凋謝而告終。年輕的梁宗岱，卻因此寫下了兩首以〈晚禱〉為題的詩，紀念這段交織著純真與悲苦的青春歲月。

一年之後，二十一歲的梁宗岱，來到了巴黎，寄居在近郊藝術氛圍濃厚的玫瑰村，閒暇時他常常留連於巴黎奧塞博物館米勒的〈晚禱〉畫作前，畫中昏黃的暮色，倒映在他清澈而充滿理想的雙眸中，身處異國他鄉，一種鄉愁夾帶著綿綿的思戀，時爬上他心頭，那樣的時候，詩人梁宗岱，總會默默地在心底吟誦起那舊日的詩：

> 我獨自地站在籬邊／主呵，在這暮靄的茫昧中／溫軟的影兒恬靜地來去／牧羊兒，正開始他野薔薇的幽夢。
>
> 我獨自地站在這裡／悔恨而沉思著我狂熱的從前／癡妄地採擷世界的花朵／我只含淚地期待著——／期望有幽微的片紅／給暮春闌珊的東風／不經意地吹到我的面前：虔誠地，靜謐地／在黃昏星懺悔的溫光中／完成我感恩的晚禱。（〈晚濤〉二）

這時，梁宗岱的第一本新詩集，正由上海商務印書館出版，詩集就命名為《晚禱》。今日，這本的初版詩集靜靜躺在我的書櫥裡。那些負載著詩韻的書頁，雖歷經時光之洗禮，染上黃色，但只要打開輕輕地翻看（因怕紙線脫落），那一句句的詩，仍如夏日清晨晶瑩的露珠，灑濺至臉上，剎時感到久違的清新。

南國詩人留學歐洲

梁宗岱（一九〇三——一九八三），祖籍廣東新會。一九一七年考入廣州培正中學，一九二三年，免試保送入廣州嶺南大學文科（英語系）學習。年少的梁宗岱，已顯示不凡的文才，在培正中學期間，他主編了《培正學報》、《學生週刊》（或稱《學生週報》）等，同時以「菩根」筆名，在廣州各大報紙發表新詩，在商務印書館刊行的《東方雜誌》、《學藝》、《太平洋》、《學生雜誌》等全國刊物上發表作品。中學和大學時期，便寫新詩兩百餘首，被譽為「南國詩人」。一九二一年時，鄭振鐸、沈雁冰從上海來信，邀請梁宗岱加入文學研究會，入會號是第九十二號，當時，即成為文學研究會的第一個廣州會員。

一八二四年梁宗岱，深感到嶺南大學，已無法滿足他與日俱增的求知欲，便決意赴法留學，那年秋季，他由香港乘船至瑞士，先在瑞士日內瓦大學學習一年法語。直至一九二五年的秋天，梁宗岱才踏上了他夢想中的法蘭西土地。在巴黎，他結識了一大群與他一樣風華正茂，充滿藝術理想的中國留學生，如傅雷、朱光潛、劉海粟等，他們志趣相投，常常聚在一起議論時局，暢談藝術，有時甚至因文藝觀點的不同，爭得面紅耳赤。

歐陸留學生涯，令梁宗岱超高的悟性和無窮的精力，得以最大限度的發揮。一九二六年春天，梁宗岱經朋友介紹，結識了法國當時的文壇巨擘、後期象徵派詩人保羅・瓦雷里，梁之文采深得瓦雷里之賞識，二人交往遂密切。這位也可堪稱歐洲文壇的泰斗，對梁宗岱這位東方青年，深為器重與厚愛，梁宗岱在巴黎，每天用法文寫新詩和譯中國的古詩。梁的法譯本《陶潛詩選》（晉・陶淵明）由瓦雷里作序在巴黎出版，序言中說：「我第一個認識的中國人，是梁宗岱先生。一天早晨，他來到我家裡，年輕而且漂亮。他操著一口很清晰的法國話，有時比通常所說的還簡練些。梁先生帶著一種興奮的激情和我談詩。一說這崇高的話題，他便停止微笑了。他甚至透露出幾分狂熱。這罕見的熱情，很使我歡喜。不久，梁君放在我眼前的幾頁紙，當我讀了，立刻再讀，我底喜悅立刻變為驚詫。」

一九二七年，初秋的一天，梁宗岱陪瓦雷里在綠林苑散步，瓦雷里向他講述了自己著名的長詩〈水仙辭〉。也就是從這時起，梁宗岱開始翻譯這首長詩，直至一九二八年七月十二日譯就。這期間，梁宗岱還結識了法國文壇的另一位巨匠——羅曼・羅蘭。他將譯成的陶淵明詩文稿，寄給羅曼・羅蘭，而這位諾貝爾文學獎得主、法國著名作家即回信盛讚：「這是一部傑作，從各方面看：靈感，移譯，和版本都好。……」

一九二九年十月的一天，梁宗岱拜訪了羅曼・羅蘭，兩人談到了另一位中國人敬隱漁先生。

敬隱漁是中國最早介紹羅曼・羅蘭和翻譯《約翰・克利斯朵夫》的譯者，是和羅曼・羅蘭往還最早、時間最久、關係最密切的一個中國青年。（見羅大岡《三訪羅曼・羅蘭夫人》）他們倆還談及當時中、法兩國文壇現狀，歌德的詩，巴赫、貝多芬的音樂、繪畫等，之後兩人還一起吃點心，去花園散步，在書房欣賞珍藏的繪畫以及歌德、貝多芬的手跡。

一九三〇年，梁宗岱從巴黎到德國柏林，在海德堡大學學習德語一年，結識了馮至、徐梵澄，憑著驚人的語言天賦，梁宗岱又熟練地掌握了德語。

留學期間，梁宗岱著述頗豐，所譯瓦雷里的名詩〈水仙辭〉和所作〈保羅梵樂希先生〉發表於當年的《小說月報》第二十卷第一號上，是他第一個向國人介紹了這位法國傑出的象徵主義詩人。同樣，梁宗岱所譯的法文本《陶潛詩選》由巴黎LeManger出版社出版，產生了非常大的影響。

一九三一年一月，徐志摩等人創辦的《詩刊》創刊，由上海新月書店發行。創刊號發行不久，遠在海德堡大學的梁宗岱，寫一封長信給《詩刊》主編徐志摩，暢談讀了《詩刊》創刊號後，對中國詩歌、以及對新詩建設的看法。四月二十日，《詩刊》第二期，即刊出梁宗岱於德國化了三天所寫的長信，加標題為〈論詩〉，徐志摩在前言中說：「最難得的是梁宗岱先生，特從柏林趕來論詩的一通長函，他的詞意的謹嚴是近今所僅見。」

與梁實秋的論戰

一九三一年秋，梁宗岱赴義大利，欲入佛羅倫斯（翡冷翠）大學，想學習義大利文，而此時徐志摩向北大文學院院長胡適力薦，當時的北大，即邀請梁主持北大法文系，而清華也向他發出了邀請。爾後，梁宗岱接受了北大的聘書，準備回國，臨行前他向羅曼・羅蘭告別，而那時羅氏因父親逝世及大病初癒，正閉門謝客，可卻破例接待了梁宗岱，且長談相晤四個多小時。之後，梁又向雷瓦里辭別，乘船回國，一九三二年，年僅二十九歲的梁宗岱，任北京大學法文系系主任兼教授，又兼清華講師，一時名動北平。

然而，梁宗岱在北大，僅停留了兩年，便在一九三四年辭去教職，辭職之因，則是一場婚姻訴訟。緣起於梁之原配何氏，雖已另嫁他人生兒育女，但得知梁遊學歸來當上了大教授，遂追至北平要求共同生活，而梁宗岱堅拒不納，於是鬧上法庭。一向主張接納原配夫人的胡適，卻親自上證人席，為何氏辯護，指責梁宗岱拋棄髮妻，梁宗岱因而敗訴。爾後，經知名人士斡旋，梁宗岱以賠償贍養費兩千元為代價，終正式辦理離婚手續而了結此案。

梁宗岱離開北大後，旋與女作家沉櫻在天津結婚，並至日本度蜜月，回國後，遂任教於南開大學、復旦大學。那時的梁宗岱，算是度過了一段安樂、穩定、自由的生活。這一時期他發表了一系列詩論之文，如〈新詩底紛歧路口〉、〈論長詩小詩〉、〈關於音節〉等。但此時，他與中國詩壇的另一位代表人物梁實秋，就詩歌觀念發生了一場著名的「論戰」。梁實秋針對梁宗岱在北京大學國文學會作了《象徵主義》的演講，發表〈什麼是象徵主義〉一文，認為象徵主義是「神祕主義」，「象徵主義的文學，不過是搗鬼，不過是弄玄虛，無形式，實在亦無內容」；「象徵主義者無疑的是逃避現實」等論調來嘲諷梁宗岱。

一九三六年，梁宗岱的譯詩集《一切的峰頂》由上海時代圖書公司發行，其中除布萊克與雪萊等英語詩人，雨果、波德賴爾、魏爾倫、瓦雷里等法語詩人外，歌德、尼采、里爾克等皆為德語詩人。但是，梁實秋再次在《自由評論》第二十五、二十六期合刊上，發表了書評〈詩與真〉，認為梁宗岱的「象徵主義是一個迷迷糊糊的東西」；「他不能用簡單明白的理論與文字來解說，愈解說愈使人茫然。」；此外，梁實秋又尖刻地指責梁宗岱的專著是「不用常識，不用理智，不用邏輯方法去思維」，而是「用感情，用直覺，用幻想去體驗。這種性格，本來宜於寫詩，因為不宜於做旁的事，不過若趨於極端則變為病態。這種性格不宜於說理，因為在說理時是用不著感情、直覺與幻想的。」

為此，梁宗岱即寫了〈釋「象徵主義」——致梁實秋先生〉一文，來回應梁實秋，以捍衛自己的象徵主義理論。在這封公開信中，梁宗岱先是心平氣和地指出梁實秋「過去的文章底立場」距離自己太遠，「立論又那麼乖僻」，以致自己和他的朋友都認為梁實秋，要麼是「意氣之爭」，要麼是「不宜於做詩乃至談詩的」性格；隨後，梁宗岱直取梁實秋的「詩必須明白清楚」的詩歌理論，認為梁實秋「缺乏哲學底頭腦，訓練，和修養，實在達到一個驚人的程度」，因而看不懂自己「關於『契合』的理論，卻是植根於深厚的哲學裡的」。從此，在文壇上乃或於讀者看來，梁宗岱在論詩與譯詩上，比其創作的分量更大。

可以想像，當年與著名詩人瓦雷里和羅曼・羅蘭之交往，全面昇華了梁宗岱對詩歌的認識，他從僅憑一腔靈感作詩，轉而開始深刻地思考和探索中國新詩的命運，也由此改變了梁宗岱之後六十多年的人生軌跡，他由一個詩人、歌者，過渡至一位詩歌理論家。但是，正當梁宗岱身負美名，決然於中國文壇，施展更大抱負的時候，他之人生命運，卻一次次墮入了國家命運動盪與文革多災的驚濤駭浪之中，他中晚年之經歷，可謂坎坷多舛。

唯一的詩集《晚禱》

《晚禱》，是文學研究會早期所出的叢書之一，一九二一年至一九三七年間由上海商務印書館出版。研究會叢書包括翻譯和創作兩部分，可以稱得上是中國現代出版最早、規模最大的一套文學叢書，其中出版的新詩集，有朱自清等八人的詩歌合集《雪朝》、朱湘的《夏天》、徐玉諾的《將來之花園》、冰心的《繁星》、劉大白的《舊夢》、王統照的《童心》等。梁宗岱的《晚禱》，為四十八開的小版本，薄薄一冊，僅盈盈一掌之大小。青灰色的封面中間，印著豎排的書名，右上角署作者，左下角則印有「文學研究會叢書」的字樣，均為豎排，僅在封面下部橫排著「上海商務印書館發行」的字樣。全書裝幀十分樸素，不著任何紋飾圖案，但透出典雅之氣息。

唐弢在《晦庵書話》曾寫道：「作為《文學研究會叢書》裡的詩集，開本和《舊夢》一樣，尚有王統照的《童心》、朱湘的《夏天》和梁宗岱的《晚禱》。」《晚禱》的初版於一九二五年三月（民國十四年），第二版重印於一九三三年四月（民國二十二年），與初版不同的在版權頁上，加印有「國難後第一版」字樣，原因正如《晦庵書話》所說：「商務書版，大都毀於『一二八』炮火，以後重印，版權頁上一律注明『國難後』第幾版，留此數字，以志不忘，倒也頗有意思。」《晚禱》全書，共收錄了梁宗岱於一九二一年至一八二四年所作之詩共十九首，最初的詩是寫於一九二一年七月的〈失望〉，最末的是一八二四年六月的詩〈陌生的遊客〉。

《晚禱》是梁宗岱一生惟一出版的詩集。他曾回憶自己創作《晚禱》時的心境：「那是二十餘年前，當每個人都多少是詩人，每個人都多少感到寫詩的衝動的年齡，在十五至二十歲之間。我那時在廣州東山一間北瞰白雲山南帶珠江的教會學校讀書。就是在那觸目盡是花葉交蔭，紅樓掩映的南國首都的郊外，我初次邂逅我年輕時的大幸福，同時——這是自然底惡意和詭伎——也是我底大悲哀。也就在那時底前後，我第一次和詩接觸。我和詩接觸得那麼晚（我十五歲以前的讀物全限於小說和散文），一接觸便給它那麼不由分說地抓住（因為那麼投合我底心境），以致我不論古今中外新舊的詩兼收並蓄。於是，躑躅在無端的愛樂之間，浸淫浮枕於詩和愛裡，我不獨認識情調上每一個音階，並且驟然似乎發見眼前每一件事物底神祕。我幼稚的心緊張到像一根風中的絲弦，即最輕微的震盪也足以使它鏗然成音。」

《晚禱》用象徵主義的手法寫成的，如以翠竹上的晨露，象徵悲苦的淚珠，以白蓮在碧池中碎落，暗示愛情失意的痛苦等，顯得既含蓄又自然，體現出一種新的美學追求。如〈暮〉一詩，如是寫道：「像老尼一般，黃昏／又從蒼古的修道院／暗淡地遲遲地行近了。」

梁宗岱，一個天才，也是一位頗有成就的詩歌理論家。在他的詩歌創作中，是自己詩歌理論的忠實實踐者。他所定義的「純詩」，曾作過如此解說：「所謂純詩，便是摒除一切客觀的寫景、敘事、說理，以至感傷的情調，而純粹憑藉那構成它的形體的原素——音樂和色彩——產生一種符咒似的暗示力，以喚起我們感官與想像的感應，而超度我們靈魂，到一種神遊物表的光明極樂的境域。像音樂一樣，它自己成為一個絕對獨立，絕對自由，比現世更純粹，更不朽的宇宙；它本身底音韻和色彩密切混合，便是它底固有的存在理由。」這些，他留下的詩論，早被後來現實主義所掩沒，靜不下心來的後人，怎能去接受獨立、自由像音樂一般的詩呢？

至今想來，這樣純粹之詩人早走了，他離今天浮躁的人心社會也太遠了些，今天我們大家，已彷彿成了梁所說的詩國「陌生的遊客」。那麼此文，就用詩人九十年前寫的一段詩作結：

什麼，陌生的遊客？你的面龐／這樣的緋紅，呼吸又這樣微細／可是嚴冽的秋霜，已緊壓你的心苗／雖然青春還蕩漾在你的臉上？／……我不是為採花而來！

關露：千古情人我獨癡

可紀念的日子

一位優秀的詩人與小說家，留在世上的作品，終究不會隨時代的變遷而湮沒。有人這樣介紹關露：「在一個短短的時期內，僅發表過她作品的雜誌就有四十多種；她寫的詩、散文、小說、雜文、評論、譯作，多達兩百六十多篇。」一部《關露傳》的出版問世，讓讀者永遠銘記她的為人與作品。

關露對魯迅始終懷有深摯的敬意。一九三六年，關露懷著一顆詩人般正義激蕩的心，在參加上海萬國殯儀館弔唁魯迅活動後，隨著喪葬隊伍到達墓地。她對那天這樣描述：「我們帶著太陽去墓地，帶著星光回來。我們唱著挽歌，述說魯迅先生生前的光輝的故事，忘記了露草染濕我們的衣服和飢餓致使我們身體的疲乏。」

一九四三年，在敵偽時期的上海，當編輯《魯迅先生逝世七周年紀念特輯》時，關露發表了一篇〈一個可紀念的日子〉。她在文中說：「魯迅為著爭取人們的幸福與自由而生，他曾把他的生命作為戰場，文章作為他的武器，為著後一代的子孫他努力地生存，也為著後一代的子孫他勞瘁地死！他死了，但是展開在我們眼前的不是灰暗，而是光輝。」

記得幾年前，當讀著周海嬰〈一張關露的照片〉時，我是那樣感動。這是一張六十多年前關露與她養女一起抱著一隻小巴兒狗拍的照片。那時的她，在異常複雜的環境下準備作自我犧牲，她為了向許廣平作告別留下了這一張合影。據回憶，「那時的她約略二十五歲左右，高挑的身材、燙髮，面貌一般、談吐和藹可親，看不出叱吒風雲革命女士的外貌」。從這般的回憶中，也許看不出她還是一位充滿激情的詩人。對於關露的這張照片，丁言昭先生在《文匯讀書週報》一文作了糾正。令人不無遺憾的是，關露這般的女中豪傑，存世之照，實在太少。

今日已經很少有人知曉，《十字街頭》這部電影的插曲，出自於詩人關露的手筆。今天我想說的最能代表她的詩的成就的《太平洋上的歌聲》，那本薄薄的詩集。

太平洋上的歌聲

詩集一九三六年十一月由生活書店出版。從時間上看，正是在她送走魯迅以後的日子。不知魯迅在生前，是否讀過關露這些詩。這詩集雖收詩二十二首，可涉及面較廣：有國際的戰歌、有針砭時弊的諷刺詩、有對革命者的頌歌等等。這些詩在當時中華民族生死存亡的關頭，曾轟動一時。

當我讀完這部詩集，我發覺讀關露的詩，一如讀小說，它有情節。也好似讀劇本，它大都用臺詞對話來完成。這部詩集的第一首長詩《太平洋上的歌聲》，就是通過「聰明」的政治家，在那太平洋上滔滔的海面，通過聽歌來完成這首長詩的。整首長詩以立體的畫面來展示。

諷刺，在詩人關露筆下，不是為了使人發笑而是為了使人發抖：「老百姓說：昨夜來了一隊洋兵。／我們／沒人抵抗！」（〈失地〉）。詩又是心靈的論斷，是亂山中的一滴滴鮮血：「也許你是死了／在成千萬的死者中／你死了／在屍橫遍野的廣場上／你死了／作為奴隸的／你，死了！」（〈沒有星光的夜〉）

我讀關露的詩，總覺得她絕對沒有空話，更沒有那濫調的無病呻吟。這源於關露本人的生活。「醫院裡告訴你／叫你把死了的人領去／叫你看了帳目／把欠下的醫金付齊／你知道／犯了醫院的條規／上帝要懲罰你！」（〈病院〉）。讀〈賽金花像〉一詩，似乎從字裡行間讀出了《罪與罰》深刻：看你的面目不曾想到／你竟為著紅顏／流為浪女。／你雖來自民間，反為娼妓／你失去了婦人的貞節／賣了身體／但你不曾賣國榮身／學那朝廷的官吏。／誤你的分明是你／年老的夫君——欽差大臣／別人偏要說你「紅顏薄命」。

《太平洋上的歌聲》關露著，一九三六年十一月生活書店初版

在《太平洋上的歌聲》詩集裡，關露有許多反映抗戰時期的充滿激情的詩，也是頗值我們一讀的。特別是最後的那篇散文詩〈悲劇之夜〉，反映了上海的「一二八」淞滬抗戰，詩味和風格老辣，讀後看不出是一個女詩人筆下之詩。我記得常任俠先生在〈冰廬瑣憶〉一文中，回憶起關露一九三二

年演夏衍編劇的《賽金花》的情境：「此劇完滿結束之後，劇團邀我寫劇評，與演員聚坐茶敘。隔座有呼余名者，音極稔熟。起而視之，頎長玉立，秀眉隆準。華服高履，體態盈盈，前所未見。就而相語，備極歡快，始知為壽華也。今易名為關露。」

關露，原名胡壽楣。她原籍河北延慶，出生於山西太原，一九二七年先後就讀於上海政法學院、南京中央大學文學系。其實，關露還有一個名字，「初易名胡露，因與葫蘆諧音，後改名關露」。

為什麼關露常常改名？那是因為在抗日戰爭期間，為了人民的利益，關露奉命打入了敵偽的內部。她甚至不惜在當時之身敗名裂，充當了「大東亞文化會議」的代表，一九四三年前往日本東京獲取情報。她忍辱負重，犧牲了自己「左翼作家」的名譽，甚至連自己的戀愛對象，也無從瞭解其真相，誤認為背叛了祖國與關露決然分手（從此她終身未婚）。而當時社會對她之誤解就更深。今日來看，關露「應該是革命的功臣」。但我們的詩人「解放後曾兩次入獄及後來孤獨淒涼的生活，使她含冤委屈地離開了我們」。

關露還寫有自傳體小說《新舊時代》，列為當時的《光明文藝叢書》之一出版。她原計劃要寫三部，而由於職業之變，完成了一部。

關露一九八二年十二月五日病歿時，依然形影相弔，孑然一身，僅有一個她所喜愛的洋娃娃，陪伴在她的身旁。我想，詩人可以老去、死去，而詩卻永遠不會老去。不是嗎？時隔了半個多世紀以後，關露所吟出的詩韻以及她的《太平洋上的歌聲》，不還在被人吟誦嗎？

魯迅：一九三二年的事

我們不再受騙了

魯迅曾為「左聯」機關刊物《北斗》撰寫過幾篇文章，其中最重要且有巨大影響力的還是那篇〈我們不再受騙了〉。《北斗》是文藝月刊，由丁玲主編。一九三一年九月創刊，共出八期即停刊了。魯迅此文最初發表於一九三二年五月二十日，離它停刊，其實僅差兩月。

魯迅在這篇文中說：「帝國主義是一定要進攻蘇聯的。蘇聯愈弄得好，它們愈急於要進攻，因為它們愈要趨於滅亡。我們被帝國主義及其侍從們真是騙得長久了。」讀過了這段話，七十多年後的今天，就是再不諳世事的人們，也已經看到了這真實的世界。當然，我們是絕不能用現在進步了的

眼光，來回看過去的歷史，因為，當年也許連上帝，也難於看清共產國際所演繹的那一團迷霧似的時代風雲。誰也沒有先知先覺能預測到當時的蘇聯，在經過了時間的篩洗後，終於在冷戰結束之際崩潰了。當年，法國作家紀德去蘇聯，前後考察了兩次，回法後，他把當時蘇聯的真相寫成

了《從蘇聯歸來》一書，但馬上遭致蘇聯以及不明真相的親蘇人士的攻擊，特別令紀德痛心的是，以人道主義著稱的大作家羅曼・羅蘭，也會對紀德施以那麼激烈的攻擊。（見〈為我的《從蘇聯歸來》答客難〉）然而，時代的年輪和當時蘇聯真實的社會現狀，卻誰也不能抹殺或使之消亡。「歷史就是歷史，對已經發生的歷史，既不能隨心增刪，更不能任意文飾。」（見陳四益〈奇想〉）那麼一九三二年的蘇聯，究竟是怎麼一種狀況呢？據現已逐漸解密的資料，當時的蘇聯為了建設工業化強國，為了獲取國外機器製造的設備，加緊國內糧食生產，加緊了石油的出口。也就是魯迅在〈我們不再受騙了〉一文中說的：蘇聯「現在的事實怎樣？小麥和煤油的輸出，不是使世界吃驚了麼？」是的，當時蘇聯的出口，確實使全世界吃驚！因當時「從一九二八年的出口不到一百萬公擔，突猛增到一九三二年達到一千八百一十萬公擔，四年之內，提高了將近二十倍。」（見曾彥修《天堂往事略》）這在上世紀三十年代，確是舉世皆驚的大舉措，且是大手筆。但是，為了提高這樣的出口生產的高效率，史達林在國內採用了強制性的農村集體化運動。然而，廣大農民對集體化，以及強制性的種糧，卻無積極性可言。但為推行這一行動，史達林卻動用了國家政治保衛總局（克格勃）這一強權機構，對那些不願意搞集體化的農民戶主，實行了專制政體所慣用的大逮捕方式。他把被管理的農民，當成「制造反革命陰謀、意在阻撓社會主義勝利的階級敵人」，作為反對當時集體化的敵人而消滅之。當時被消滅的，不僅是富農，還有那些反對集體化的農民，甚至貧民和一些常去教堂作禮拜的人。其實，這種不符合客觀實際的運動化生產方式，在蘇聯的第一個五年計劃（一九二八——一九三三）即全盤大集體化的那幾年裡，已顯端倪。「將富農作為一個階級消滅」（史達林語）的行動方案，把那些富農給槍決了。至於富農以下的貧下中農如何？這時期在全蘇統一實現運動化的生產方式下，他們也只能是「無異於罪犯或奴工服勞役」般地生活著。於是，一九三二年至一九三三年間，一場大饑荒，終於在蘇聯的大地上發生。

史達林的推波助瀾

對這場史無前例的大饑荒，史達林的確起了推波助瀾的作用。資料顯示，在一九三三年饑荒時期，國家政治保衛總局（克格勃）執行了兩項重要任務。一是由於當時烏克蘭一帶地區饑饉最為嚴重（現有資料顯示，當時無重大自然災害），故首先將飢餓中的烏克蘭人，同外界隔絕起來，甚至不讓外界往災區運送糧食，而烏克蘭人也不准離開居住地。所有的火車被克格勃佔據著，沒有特別通行證的人，就被趕下火車，甚至一些烏克蘭的國家幹部，也未能倖免。在那裡人吃人的現象到處發生。有資料說，「僅三十年代初烏克蘭就餓死了七百萬人！」（見蒼耳〈切爾諾貝利：他依然沒有撤離〉，載二〇一一年《隨筆》第五期）當年，由於刑法中沒有人吃人的懲罰條款，所有吃人的，就被交到克格勃手中，進行懲處。與此同時，克格勃執行的第二個任務，是嚴密封鎖有關饑荒的消息，讓饑荒中的人們在與外界密不透風的環境中生活。當然，如此驚天動地的大饑荒，真要全部把它掩飾起來，使外界一無所知，幾乎是不太可能的，世上畢竟沒有不透風的地方。人們透過層層鐵幕，總還是隱隱約約地知道了一點大饑荒的消息。西方的一些刊物上，出現了關於蘇聯發生大饑荒的報導。

所以，魯迅在〈我們不再受騙了〉一文中，也說到這個問題，他說：「因為蘇聯內是正在建設的途中，外是受著帝國主義的壓迫，許多物品，當然不能充足。」以當時魯迅的生活與世界之接觸，我想，這些蘇聯訊息源應來自兩方面，一是日本資料的傳入，另是來自上海左聯的通訊和瞿秋白的接觸。但是，當時史達林為了掩蓋這一情況，就精心安排外國政要和一些記者前往參觀訪問。凡參觀訪問者的消費，均由蘇聯官方接待，宴會又特殊安排，旅途精心布置，給人的印象是一派欣欣向榮，確是正在走前人從未走過的工業化道路。一些裝扮好了的「波將金的村莊」，在外國人還沒到來之前，就已經安排得非常妥貼了。然而鐵幕總要顯馬腳，現重讀魯迅的〈我們不再受騙了〉一文，就可見一斑：「新近我看見一本小冊子，是說美國的財政有復興的希望的，序上說，蘇聯的購領物品，必須排成長串，現在也無異於從前，彷彿他很為排成長串的人們抱不平，發慈悲一樣。這一事，我是相信的。」當年的魯迅，也因對蘇聯國內的真實情況不太瞭解，故發出了對蘇聯非常善意和理解的聲音。

鐵幕往往能欺瞞很多人的眼球，使人民陷於文化的孤立，對外界的真實情況，無從知曉。能明察秋毫的魯迅也不例外。當時，連兩任法國總理的愛德華・赫裡歐，也被蒙在鼓裡，他在烏克蘭度過了五天后，也駁斥了資產階級刊物「關於蘇聯發生了饑荒，提高工作時間的謊言」。另一個西方人貝爾納爾・索伊也說：「我在俄羅斯沒有看到一個吃不飽的人，不管是老是少。」當時的《紐約時報》駐莫斯科記者約爾特・杜蘭金，還因為「對俄羅斯作出公正、坦誠的報導」，從而得到了「普利策」獎。他曾說道：「如今所有關於俄羅斯饑荒的報告，若非誇張，就是惡意宣傳。」英國阿特裡斯・悉德尼・維伯，也在一九三二年至一九三三年訪問了蘇聯之後，得出了同樣的結論。他認為個別地區「從事破壞的居民」造成了農作物的「欠收」……

回眸歷史

寫到這此，真使人想起了我們的河南作家張一弓，他的小說《犯人李銅鐘的故事》，塑造了我國一九六一年後的大饑荒時期，為救鄉親，甘冒死罪，捨身打開緊鎖的糧倉的這一基層幹部形象。你看，當時，在蘇聯這樣一片令世人矚目的大好的形勢下，的確很難怪我們的魯迅先生也說出了如下的話：「帝國主義和我們，除了它的奴才之外，那一樣利害不和我們正相反？我們的癰疽，是它們的寶貝，那麼，它們的敵人，當然是我們的朋友了。它們自身正在崩潰下去，無法支持，為挽救自己的末運，便憎惡蘇聯的向上。謠諑，詛咒，怨恨，無所不至，沒有效，終於只得準備動手去打了，一定要滅掉它才睡得著。但我們幹什麼呢？我們還會再被騙麼？」那麼，當時的蘇聯，在其他方面的情況又是如何呢？魯迅在他文中曾說到的：「文學家如綏拉菲摩維支，法捷耶夫，革拉特珂夫，綏甫林娜，唆羅訶夫等，不是西歐東亞，無不讚美他們的作品麼？關於藝術的事我不大知道，但據烏曼斯基說，一九一九年中，在墨斯科的展覽會就二十次，列寧格勒兩次，則現在的旺盛，更是可想而知了。然而謠言家是極無恥而且巧妙的，一到事實證明瞭他的話是撒謊時，他就躲下，另外又來一批。」但據《蘇聯歷史檔案選編》，人們已經可以看到不少迫害文化人的材料。如「笥米亞丁」，魯迅編譯的蘇聯短篇小說集《豎琴》裡，收了他的一篇〈洞窟〉。在《豎琴》的後記裡，魯迅稱它「是關於『凍』的一篇好作品」。至於這位作者，魯迅在後記中這樣告訴讀者：「現在已經被看作反動的作家，很少有發表作品的機會了。」實際情況遠比不讓他發表作品更要嚴重得多。現在我們可以看到解密的蘇聯檔案，在一九二二年七月的一份《擬驅逐的知識分子人員名單》（檔案編號：〇七三一五）中有這樣一條：「笥米亞丁・葉夫根尼・伊萬諾維奇——已逮捕，驅逐推遲至有專門指示——捷爾任斯基同志的委員會，今年八月三十一日決定。」這樣的祕密檔案，當年魯迅當然無從看到。（見朱正《重讀魯迅》）而笥米亞丁，卻已在一九三一年流亡國外。一九三七年三月十日，客死巴黎。魯迅的一生，始終是自覺地站在窮人、弱者、被侮辱與被損害者的一邊，這應該說是一種「同情弱勢群體」的最優秀的品質。但由於當時受通訊條件所限，無法讀到真實的資料，當然，更無法看到蘇聯的一些檔案，加之整個共產國際大形勢的背景下，魯迅的確無法獲知蘇聯國內真實的情況，但是，他畢竟曾被當年一個強大的史達林專制政體所「忽悠」了。今日，距一九三二年五月二十日魯迅發表此文時，已有八十年了；彈指一揮間，世界和中國，於此期間，發生了多麼重大的變化，史達林及其蘇聯這個名詞，也早成為了過往的歷史。但是，今人若站在二十一世紀的視野看去，強大的忽悠者，實在是不應如此去蒙蔽人民大眾的眼睛，特別是一個有血性的、被大家所熱愛的中國文學家的眼睛的。當然，魯迅思想的那種複雜性，無論從客體乃或主體論之，一九三二年的世界與蘇聯發生的一切，如若我們重新回眸這段歷史，或多或少能為我們從不同的角度研究現代問題，提供些許線索。

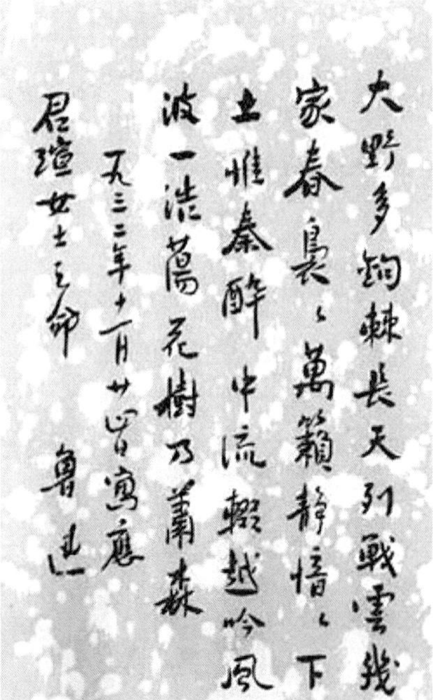

魯迅書法

陸文夫：一個作家與美食家的片談

一

蘇州的帶城河，日夜不停地向東流淌，「子在川上曰，逝者如斯夫」。此刻，這條古老的小川，也要停滯片刻的流淌，也會嗚咽，悲泣起來，因為，常出現在它岸邊的、一個眷戀這片土地的作家——陸文夫先生已離大家而遠去了……說真的，我每一次去陸文夫家，最羡慕的就是他家樓房前那小園子的底邊，當開啟小鐵柵門，便可走下石階，去掬水，可看到一條條小魚在遊動，眺望那一瀉而去、川流不息、碧悠悠的河水。

看這河水的流淌，永遠使我夢縈於「乘一葉扁舟而去」的范蠡與西施的美妙傳奇。可如今，陸先生走了，那傳奇的夢，也似淡然了，那蘇州的帶城河，也因失去了岸邊的主人，使這古老的故事命題，也暗然失色。

二

可如今留在我網上的書信，依稀還能重現那段時空裡，這位小說家和美食家的生活軼事，似還鮮活地飄現在現實生活的三維空間中。現選錄幾則，以示對陸先生之不盡的思念。

二〇〇二年三月一日十七時信件：（看望陸文夫從蘇州返回）

陸先生：您好！

昨日五時回湖。我們又能在蘇州相聚，在你女兒開辦的飯店，品到許多美食，甚歡。你向我說起你的氣喘病，從症狀看，還不是很嚴重。乃是因為您的體型、以及長期伏案寫作、加之您的吸煙史，已有幾十年之久所致。我想，過冬末後，氣候轉暖會好轉的。您說在服法國進口藥，我之管見，此藥有一定激素，不宜多服。其實此類藥起作用的只是抗過敏和消炎藥而已。如從中醫藥學的角度看，還應標本兼治，既要治喘，又要溫補肺腎。昨日我對你說的麻黃配四味中藥，如煎湯服用，服一段時間，會有效果。不知您對煎服中藥是否習慣？如您認為需要，可發來郵件。我會開方給您，而且價格便宜，沒有副作用。進口藥我認為不是最好，服長了也有副作用。不知你以為然否？

順便，附上我最近寫的〈談章克標〉小文一篇，不作發表，只是嬉作記錄而已。匆匆，祝闔家好！

建智敬上

二〇〇二年三月二日十時二十一分，我即收到陸文夫先生的來信。錄之如下：

建智同志：您好！

發來的信件及文章都已收到，文章寫得很好，不知是否在其他處發表過，如未發表過，能否在《蘇州雜誌》上發表。望即告知，因為我正在編發第二期的稿件。承蒙關懷，請將藥方開來，我試試。

陸文夫

二〇〇二年三月二日十七時十二分郵件主題：我的回信。

陸先生：您好！

來信悉。〈談章克標〉[2]一文，未在它處發表，如你認為好，願在您編的《蘇州雜誌》上刊出。謝謝您的關愛。現我尊你意，你來信願試服中藥。現開方如下：

炙麻黃十五克　桂枝十五克　厚樸十二克　光杏仁十二克（先服五帖）此方先服五帖後，告我情況，再給予加減調整。

2 拙作〈談章克標〉一文，後刊於《蘇州雜誌》二〇〇二年第三期。

另問，蘇州中藥店有否「鷓鴣涎丸」，如有可每次研沖服用，一天兩粒，效更佳，如沒有也就算了。

隨時與您聯繫。

建智敬上於二〇〇二年三月二日

二〇〇二年三月十日十四時郵件主題：信件：

陸先生：您好！

上次電告及藥方想早收閱。從時間算來，我開的五帖中藥，想已服完了，情況如何？可告我一些自我感覺之症狀，我再調整幾味中藥後，續服。請函電！

祝闔家好！

建智敬上於二〇〇二年三月十日

二〇〇二年三月十七日二十一時三十五分，我接陸文夫先生信，信件如下：

建智同志：

您好！你開的藥方我已服完，稍有改善，是否繼續服用或有加減，請示。另外，近來上海南京流行一種電腦病毒，十分利害，破壞硬碟，無法修復。病毒隨電子郵件傳播，建議你查一下，方法是：點擊「開始」，打開對話方塊，點擊「查找」再點擊「文件或資料夾」，在框中輸入要查找的病毒名sulfnbk.Exe如果找到，不能打開，立即刪除，同時清空廢件箱。

陸文夫二〇〇二年三月十七日

二〇〇二年三月十八日十四時我即覆信給他，如下：

陸先生：您好！

電悉，知你喘咳有所改善，為你高興。現把方劑加減調整後發上，方藥如下：

炙麻黄十八克　射干十五克　五味子六克　細辛六克　紫苑十二克　製半夏十克　款冬花十二克　炙甘草六克（再服五帖）

來信時，請告以下幾點：一、每日是否有痰，一般是白痰還是黄痰？咳痰是否暢。二、平時一般血壓是多少？即告。這五帖中藥，服後情況如何？也請告知。

您電告的病毒名，我已找到兩個，已刪除，謝謝！祝你健康、闔家好！

建智敬上於二〇〇二年三月十八日

二〇〇二年三月十九日十時五十一分我接到陸文夫信件，如下：

建智同志：

發來的藥方收到，我平時有白痰，不太多。排痰也不太困難。血壓沒有問題，按年齡計算是標準的，從來如此。你這次的處方中，炙麻黃增加到十八克，不知是否太多，上次十五克時，藥店裡的人就有點不大敢配。你的意思是否因為十五克能承受，在適應了的情況下再增加一點。你單位電話我有的，再請把你家的電話號碼，告訴我，以便晚上能隨時聯繫。

陸文夫二〇〇二年三月十九日

二〇〇二年五月七日郵件主題：我又接到陸文夫先生信件，如下：

建智同志，您好！

五一長假又過去了，節日好嗎。最近八帖藥，又服完了。情況尚好。如果不爬樓梯，不作長距離的走動，基本上可以不喘。等到天晴之後，我想作一些戶外的走動，逐步適應一些輕微的活動。你看藥是否還要吃下去，或是暫停一個時期。

另，令嬡的作品《目擊者》（是指我女兒寫的一篇小說）我已讀過，文字很好，她有寫作能力，可以寫出一些好作品。但是這篇小說，我認為題材不是太好的，倒不是文字上的問題，也不是技巧上的問題，她的文字功底和寫作技巧，都是夠用的。問題是這篇小說，受了一些當前社會新聞和電視劇的影響。兩個年輕的大學生相互殺戮，用盡心機，好像不是女大學生幹得出來的。不要受當今流行的電視劇之類的作品的影響，要寫自己的生活和感受，要有自己的見解，文學不管千變萬化，還是寫真善美。寫醜惡只是為了反襯而已。

也許，我所說的，還是一些老觀點，供參考。

致禮，問闔家好！

陸文夫二〇〇二年五月七日

附注：五月長假後，喜獲先生身體尚好，中藥也即停服。他能作些戶外活動，改善健康。我們電話常往，聽了很是為他高興。我電話中曾勸他冬天能盡可能去海南、深圳避寒，以防復發寒喘

二〇〇三年八月二十日。郵件主題：我收到陸發來的信件。如下：

建智同志：

來郵收到，你的文章[3]已發八月第四期，勿念。我身體如常，天氣悶熱時感到呼吸不暢，歷來如此。陳永昊調動工作定了沒有。作協還是不去的好，我知道那裡的情況。我不能走路，每月除了到編輯部去一次之外，那裡也不去。祝好！

文夫二〇〇三年八月二十日

二〇〇四年五月九日郵件主題：我接陸文夫來信，如下：

建智兄：

大作與稿件[4]都已收到，你寫的《嘉業南潯》一書（江蘇教育出版社二〇〇三年十二月版）我仔細讀後，感覺這本書寫得很好。你發我的稿件，我已交編輯部，請放心。我最近身體還可以，天氣轉暖後，人也舒服得很多。請勿念。祝好！

文夫二〇〇四年五月九日

---

3 拙作〈鬢霜初償蘇州夢〉刊於二〇〇三年第四期《蘇州雜誌》。

4 拙作〈兩鄉思隔悼錢老〉一文，是寫錢仲聯先生的，後刊於二〇〇四年第四期《蘇州雜誌》。文夫先生信告「天氣轉暖後人也舒服得很多」，聞後欣慰。

二〇〇四年九月十八日，我又接陸文夫來信，如下：

建智兄：

久未致候，甚歉。諒一切安好。我也如常，今年至今沒有發病，可算平安。創作基本上停止，只是管著《蘇州雜誌》的編務，也很麻煩，主要是提高品質不易，能靜下心來，認認真真寫文章的人不多。你以前來蘇州時，似曾經告訴過我，說白樺的居住條件不太好，這倒我沒有想到的。現在，已經沒有辦法了，只有靠自己或者是靠兒女了。他好像有個兒子在美國，我也記不清楚了。現在看起來，還是江蘇的作家條件好。

祝闔家好、大安！

陸文夫二〇〇四年九月十八日

三

自從陸先生說身體好多了，後我們大家都忙，似少電話乃或郵信的往來。去年的九月十八日，文夫先生來電說「今年至今沒有發病，可算平安。」他是如此幾次告我的。我聽了，真為他能在二〇〇四年這一年「竹報平安」而欣喜！……

時光，真如白駒過隙，三百六十五天，世人總感過得很快。因為「若問生涯原是夢所謂「人生是朝雲。」好好的一個陸文夫，可今年之七月，我突接到他夫的電告，說「文夫竟然離我們而去了，……」一年的時間裡，竟然發生了這麼的噩耗，真是想不到的事！一時真難於以令置信、難於接受！呵，人生苦短，難道陸先生，你真從你家後園的石駁岸口，那條帶城河上「乘一葉扁舟而去」了嗎？……一如春秋時的陶朱公，去到煙霧渺茫北太湖了？

「曲終過盡松陵路，回首煙波十四橋」——啊，陸先生，你一路走好，你安息吧！你走過的橋還在，你走過之路，還在我們腳下，而你留下的作品，將永在我們心中，而惟有你已帶走之腹稿，卻永遠、永遠，使這世界上的讀者、粉絲，將永遠難於讀到。

作者與陸文夫（右）在蘇州

陳樂民：千古文章未盡才

——讀《在中西之間——自述與回憶》

一

陳先生已離我們遠去了六年。讀他給我們留下的精神財富與啟蒙思想，無不有「落紅不是無情物，化作春泥更護花。」之感。他在世時，總那麼淡然低調，胸懷坦然磊落，對人厚道諧和，但其思想是那麼深然。余生也晚，雖神交久矣，然識荊僅一回，但這並不減少我對他逝去的一份縈繞之念。提到陳樂民先生，也自然會和其夫人資中筠聯繫在一起，不少讀者是因為讀了資先生的書，才瞭解陳樂民先生。其實不然，對於我來說，則自改革開放後，提出「讀書無禁區」，在一九七九年創辦的《讀書》雜誌上，就邂逅了陳樂民先生的一篇篇妙文。

記得讀陳先生文章和引起我的關注，是一九九一年二月，該刊有〈難哉譯事〉一文，是談法國學者謝和耐一部書的轉譯，陳先生「提醒學界朋友注意，凡涉及中國古文獻的地方，務請查核原文，理解原文，以避免內容的缺失和文意的扭曲。」陳先生於五十年代初，因國家需要，早在域外工作，令他在中西之間徜徉。三十多年過去，他卸去外事，終將從事譯事和思索中西文化的研究，付之筆端，而這也使他一發而不可收。

一九九一年第十期《讀書》有陳先生〈中西之交義理分殊：談馬勒伯朗士與「中國哲學」〉一文，讀罷感到他早已在研究中西之間的哲學理論。一九九二年第七期上，陳先生又發表了〈茶煙香嫋逗高歌：從潘光旦《鐵螺山房詩草》想到的〉一文，讀後，無不使我更堅定了如斯的想法。

一九九四年，陳樂民先生，一下子發表了四篇很有份量的研究中西之間的文章，更顯其厚積薄發。那是：一九九三年第一期的〈坐視世界如恒沙：談黃仁宇的「大歷史」觀念〉、一九九三年第三期的〈非作調人，稍通騎驛〉、一九九三年第六期的〈哲學家的足跡和沉思——超越道德的憂慮〉，以及一九九三年第十一期的〈歷史的觀念：釋「歷史的長期合理性」〉。這些用辛勞寫成之文，均關乎中西之間價值論理的系列思想，無不觸動了剛剛開放十多年的整個讀書界。似道出了中國改革開放十多年，中西觀念於物質層面，遂在習慣與融通起來，但在精神層面，差距尚大，還時對峙與相悖著，如何有待理解和逾越，確是一個長期的動態問題。（這個所謂的動態，便是進三步退二步，後可能只進一步）但陳先生在這一時期的文章，以及以後的一系列的啟蒙之文，是在做著讓國人加快時間進程和縮短思想上的識見。

這期間，由東方出版社推出三套叢書，其中就有陳樂民先生的《「歐洲觀念」的歷史哲學》，陳先生似在著力闡釋中西之間，長期來存在的價值觀與歷史哲學觀的差異。記得，當時張弓先生發表了〈超越道德的憂慮〉一文，作者說：「《讀書》連續兩期刊載鑒賞黃仁宇先生之歷史觀和歷史方法的文章（陳樂民《坐視世界如恒沙》，一九九三年第一期；傅鏗《超越道德批判》，第二期），足見作者之推崇及編輯者之青睞。」接著他認為，「令人擔憂的是，黃先生這種超越文化土壤的歷史觀，可能給落後國家的現代化進程帶來隱患。只要把資本主義大歷史放入它的文化氛圍中去考察，我們便不難發現，科學進步、技術革命和工業化，在造就西方文明的同時也使西方文化病入膏肓。如果人們對工業化必將帶來的文化衝擊毫無警覺，不發達國家一旦轉入工業化的不可逆轉的進程，文化的災難恐怕就積重難返了。」

但是，事物其實正向著它的反面發展。離張弓先生發表此文，至今已有二十多年；現實狀況，並非如此災難深重，而我們面臨的文化災難，卻源是於我們自己的文化痼疾所成。而陳樂民曾有〈西方文明和世界歷史〉一文，他得出的的結論是：「人類歷史的發展必然是西方文明通向世界歷史（現代化和全球化）」又說，「『世界歷史』只能站在歐洲向外看，是歐洲經驗走向世界。」我想，也許不經幾十年，歷史會自有規律，向這一方向慢慢發展。

爾後，陳樂民先生發表〈尋孔顏樂處，所樂何事？〉（《讀書》一九九四年第一期）和〈理性・人性・文人〉（一九九四年十一期），至一九九六年第三期他發表〈法郎士的「企鵝島」〉，一九九六年，第四期，又發表〈行己有恥與文明意識〉等文，似從一個側面，回答了個人的精神層面，世界文明的進程，同時也闡釋橫隔於中西之間精神層面的不斷碰撞的問題。

我粗粗統計，陳樂民先生從一九九〇年至一九一八年，僅發表於《讀書》上之文，約有三十篇之多。雖說我與陳先生有一面之緣，但很長一段時間，卻不知他是中西匯通的精英學者。他的文章，讀來令人耐讀，深入淺出，觀點明實。這取決於他對中國文獻功底之深厚，以及對歐洲文明理解的精確。

近讀到畢飛宇先生一文說，他曾向陳先生說，你沒有資中筠出名早，陳先生只是「嗯、嗯了幾聲」。我卻以為不然，就我的閱讀經歷，讀到陳樂民生先的文章，應該早於資先生。當然，他們倆一起寫了文章、合著了書。如一九九〇年，《讀書》第七期載陳樂民、資中筠的〈細哉文心：讀宗璞「南渡記」〉，一九九六年遼寧教育出版社，推出的《學海岸邊》（陳樂民、資中筠著）。誠然，他們倆之研究領域，術業專攻，有所不同。但無不可窺，在學術之路上，他們相互之間的影響、鼓勵、奮進之痕，時可相見。

二

曾受人歡迎閱讀的《萬象》，翻閱一下，不難發見其創刊第一卷中的幾期雜誌，第二期，就有陳樂民一篇〈王國維的「西學時期」〉，接著第七期上又有他的〈一個哲學家的「懺悔」〉一文。資中筠先生在《萬象》第二卷第一期上有〈袁同禮：我國現代圖書館的先驅〉。恰巧同一期上，也有陳樂民先生的〈沙特爾訪古〉一文。

之後，陳樂民先生又在《萬象》上發表了一系列的「啟蒙札記」，讀後，令我有非常深刻的印象。陳先生，可以說是當時少有的在中國知識界率先宣導「啟蒙精神」的學者。二〇〇八年八月十四日，已經是早在血透著的衰病之體，他還在為大眾寫啟蒙札記，那時，他離世尚剩四月有餘，不久就離別讀者。他說「現在寫『啟蒙札記』已經完成了二十四篇，還要繼續寫下去。也許直到『那一刻』到來，怕也寫不完。」真是「春蠶到死絲方盡，蠟炬成灰淚始乾。」儘管，陳先生的著作，為普通讀者知之甚少，陳先生綿密平和的文風，沒資中鈞先生明快犀利，廣受青睞；但他在知識精英的讀者心中，是一直保持有獨特位置的。寫此，插些小話，雖時至今日，我一直是《讀書》的訂戶，從第一期直至現在，家中已放不下一堆堆《讀書》，幾個專放此刊的書架，已無法堆上。前幾年就曾想停訂，但鑒於它的刊本合宜，總能在字裡行間，讀到些新知，不忍割捨。但我生性愚盹，陳先生的文章，以前總未能細細對照著閱讀，昔今成為一件憾事。

近日，陳先生女兒陳豐，贈我三聯版《陳樂民作品》幾集，使我稍稍彌補了些憾事。當讀畢第一集《在中西之間——自述與回憶》，始讀波瀾不驚，而至四十頁後，卻坐臥不安。待篇篇讀下去，倒有點兒似他評宗璞之文，清清的、淡淡的，沒有時下頗為時興的「火氣」與雕琢，對有些事雖有些感慨，但字裡行間不見動感情，不似知堂「吃苦茶」之味，也不像飲「淡茶」之平淡，倒有點像夏日裡「冷開水泡茶」之味。一如陳先生自評「我素喜明代三袁和張宗子，習慣於含蓄的短文，不擅長飛揚激越，總想把結論留給讀者。」（《憶舊知》二百八十一頁）所以李慎之曾對陳樂民說：「你的文章太短、太含蓄，也就是我這樣的人能看得出你的微言大義，一般誰看得出！」

其實，作為文字，金克木就曾說過，小時作文只恨寫不長，到老來寫文又怕寫不短。他曾說：「同樣的內容，寫短比寫長更難。所謂『要言不煩』實在不易。」

陳先生的《在中西之間——自述與回憶》，書分三輯，一為「在中西之間」，輯二：是「憶舊知」，輯三，「給沒有收信人的信」。第一輯，主要是講述了陳先生的出身、求學、上大學，出國分配在「世和」（即後來的對外友協）工作，結婚，爾後進入歐洲研究所做學術研究。「憶舊知」這一輯中，有回憶他的領導、同事，有講周恩來，董樂山，張芝聯，范用，宗璞等人的故交，但我認為他對李一氓、李慎之，兩位之交誼，最為心得，也是他最敬佩的人物；兩李之作風人格，思想學識，讓陳先永志難忘。如在憶李一氓，晚年李有〈歲暮〉一詩，他為之看重，不妨錄之：「西風徹夜不成眠，一夢迷離斷欲連。舊事稍嫌頻入夢，何如新夢逐時添。」這裡用了三個「夢」字，此詩，也從側面反映了陳樂民前輩一代知識者之心境，也只能以一個夢字了得。而對也屬陳先生前輩的李慎之，陳先生卻借用陸游祭朱熹詩，可謂反映了這一代人的未境之業：「路修齒髦，神往形留；公歿不亡，尚其來饗！」這是對李公畢生思想嚮往的肯定，也說明這一代人的奮往之路，為之沉吟，其路漫漫。

三

《在中西之間——自述與回憶》，我們從中可讀出，由五十年代成長起來的知識精英，他們的一生是怎麼崎嶇地走過來的。反映出了他們一代學人，不如意的命運。如若陳先生還活著，他們一代的知識精英，如時代允許，或可接上前一輩的探求之路，作出代不乏人的學術成就。然而，他們的一代，同樣生不逢時，如上世紀五、六十年代，大量的精力，耗散在不斷的運動，整風反右、下鄉開會，直至文革。爾後，好不容易能坐下書桌，做點學問，但如陳先生自述所說：「每每有一種『時不再來』的緊迫感。覺得五十歲以前的二三十年『浪費』了相當多的光陰，老老實實地做了許多無益之事，二三十年幾乎沒有『自我』。」他又說，「『半百』雖然還不能稱『老』，然而真要有所作為，確是晚了些。這責任在誰，似乎是我這一類人的命運，該當如此吧！」這一類人的命運，是否應換成「這一時代的命運」，幾十年白白浪費，於假大空中度日，誰之責，誰怨誰，講得再遠一些「誰之罪」，人人如此，真可是道不明說不清的一個話題。如陳樂民先生一代人，從清華園走出來，原有自己的學術建構，想一步一步走去。然「人生不滿百」，歲月不饒人，元氣已大傷，如陳先生直到患病至逝，還在做，尚無一日停息，別無他法，只能認「命該如此」了。但我想，陳先生如若能假以天年十數年，他起步很早的學術建構，有中西匯通的根蒂，想定能做得有聲有色。

這是實話，無可奈何，到如今，落花流水已去矣。這是一個時代之命運，同時也是一代人的命運。我想，對他們一代知識分子，走過的一生，總有一種誰也看不清的感覺。當然，他們一代，有大起大落之人，運動不斷，人生苦難，同時不斷。但陳先生作為文化友好的使者，在國外工作，沒有經歷大不幸，只是不停的忙碌著工作，六十年來，曾經滄海，風雨如磐，雖具士人風骨，家國情懷，可虛耗時日太多，終於大時代歷史之中「勞心慘兮，道阻且長」，在一個個不斷的旋渦下，沉沉浮浮，可謂歎謂的一代。但仔細想想，至少超越了老舍、傅雷、陳夢家等一代學人的悲劇命運。但陳先生晚年，心緒萬端，時感力不從心，未盡其才萬事休。

但時代與歷史在發展，他懂得要改變「生命是鬧著玩的，事事顯出如此」的現狀。所以，到了晚年，他是這樣總結的：「自我識字之童年起，數十年於茲，除去沒有自覺性的少年和稍涉世事的青年時期，即從一九四九年算起的三十年間可引為幸者一，可引為鑒者一，足這今後法者亦一也。」

雖然，陳先生說的是讀書心得，但若結合他的一生視之，是離不開他生活的時代。所以，幸、鑒、法，其實就代表了他的平生之經歷和事業。也可瞭解他一生命運的走向，也可作為經驗，他心中期盼的一切，只能讓後來者所鑒了。

通覽此書，是陳先生於中西之間，無論在生活上、思想上的一個總結，也反映出他對於一個民族至深的熱愛。但陳先生熱愛的一切，是一個必需啟蒙，必順世界潮流而動，必有價值與理性的追求，他一生孜孜以求，便閃耀著這一光芒的真理。他說：「我經過幾十年的反復思考，只弄明白了一個簡而明的道理：我摯愛的祖國多麼需要一種澈底的啟蒙精神。」

這是他「站在東方看西方」給我們留下的一個可貴的思想和正確的思維方法。陳先生，青少年起就相信「仁義禮智信，德謨克拉西」這是中西合璧的最理想的道德境界。也是他在中西之間的大智慧。當然，其路漫遠，那是另外一回事。但我認為可喜的：陳先研究的歐洲文明，包括精神文化、制度文化、物質文化等諸多領域上，可謂殫精竭慮，已為學界開了個好頭。而二戰後，以「歐洲中心論」的視角，也遂轉向了以美國為首的西方文明。如何從文化的源頭，追溯、研究「西方文明」之變化、發展、特徵，這將是我們從陳樂民先生手中接過的、繼可持續開拓研究的一個領域。這也是東西方世界碰撞與轉型，必然面臨的問題。

我想，這自將有後繼者開臻辟莽，上下求索，前已有了陳先生，開了先路，一如魯迅所說，走的人多了，自然便成了路。這民族復興之路，深信將會有許多年輕學人，接過啟蒙之帆，去完成陳先生的未竟之業。

陳樂民與夫人資中筠

舒蕪：卻想當年似隔生

一

讀舒蕪先生一文〈暗暗的死與他人的歌〉（病榻雜感），文雖不長，但讀後甚感。一場重病後，他說：「今年自秋至冬三個月，接連住了三個醫院。起初是作為搶救病人送北大三院的，一進去就住搶救室，馬上發出『病危通知書』，性命危在旦夕，總算救了過來。脫離險境後，又轉了兩個醫院才回家靜養。……」文末摘用了陶淵明的詩：「向來相送人，各自還其家，親戚或

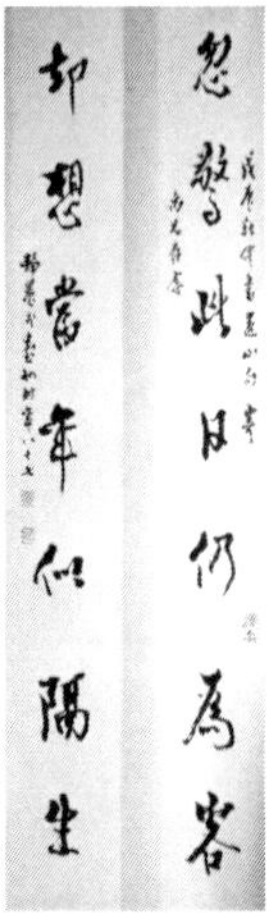

左：臺靜農為蘇燕寫的書法
右：作者在舒蕪家

余悲，他人亦已歌，死去何所道，托體同山阿。」他在病危時刻，似對紅塵與生死，作了最後的權衡。但於傾向還是在前者。

舒蕪先生以陶詩之古曠達人，高曠襟懷欲打通古今心靈，深為佩慼。這確也是舒先生閱盡人間淪桑、性命庶近旦夕時，於心靈裡流出的一種真誠。於是，真讓我看到了「人就像一根蘆葦那樣脆弱，但同時也略見一點生命的堅韌。」我從他女兒方竹所告，近幾年裡，舒先生每天除睡覺、吃飯外，幾乎有十多小時，守在電腦上讀屏寫文，有奇文時，常與人分享共賞，其精神非常人可及。舒先生一生曲折坎坷，但重病後的他，終於不能在電腦上流覽天下，這於他是多麼的寂寞啊。

他重病期間，想到了魯迅小說〈藥〉裡夏瑜這個人物形象，又想到了陶潛的詩，但對兩者人生態度之選擇上，舒先生似傾向前者的意義和勇為。所以，那文的題目，他終究還是選擇了〈暗暗的死與他人的歌〉。我想，這幾十年世事，本來就渺茫曲折複雜，而他一生又歷經了風風雨雨，（當然，他沒有他的同伴們那樣歷經血淚斑斑，刀光劍影般酷烈的生活）但是，在病重時斟酌來去，終把「暗暗的死」那層意思放在了前面，不知是以示世人尚在走著的現實，抑或是洞察了自己心靈的那道久閉的鬧門。當然，陶潛的「他人亦已歌」，也有其另一意思在，人間世一如陶公這樣的人，能打得破這道生死紅塵之關的，畢竟是微乎其微的另類。這在舒先生也承認。如果我們從舒先生年輕時，從廣西急於要趕赴京城闖天下，還不是為了在紅塵之中走出一條道來嗎？

二

我讀舒文，不禁使我也浮想聯翩了一些時候，更使我想起了前年的二〇〇七年十一月三十日，我去北京，有機會去皂君廟73號院，拜訪舒先生之情景。

那日，下午3時多，北京的冬天，氣溫已冷，熙攘的馬路邊，他家門口有一小傳達室，繞過傳達室往左進入院內，只見有二幢小高層舊樓，（是人民文學出版社舊樓）踏上三樓靠右之六號門，就是舒蕪家。當輕輕叩門，就有他女兒方竹出來開門，踏進門就是飯廳，再就是一間很小的客廳，上書「碧空樓」三字，連接客廳的就是書房。記得舒蕪原居住的豆米胡同，那書齋兼臥室，叫「天問樓」，是程千帆先生為他題寫的齋名。「天問樓」還曾有黃苗子先生為此作「天問樓圖」，配有〈浣溪沙〉的詞。自舒蕪告別了「天問樓」後，齋名就改為「碧空樓」了。齋名依然是程千帆先生所題，醒目地掛在會客室白牆的上端。

當我們甫坐，女兒一邊泡茶一邊跟我們聊談，舒先生正在電腦前操作，一時間還流連，也算是網迷。「你爸已八十多歲，眼睛不感疲勞？」我問方竹。「我們也曾勸他減少些時間在電腦上，但爸就是喜歡在電腦上流連忘返！」女兒無奈道：「但我爸就是眼睛好，老盯著電腦，說沒問題，不影響視力。」我暗想，每天有這麼長時間用眼在電腦上，但不影響其視力，此乃一奇也。

我瞧沙發背後，正掛著一付小對聯：「忽驚此日仍為客，卻想當年似隔生」那是臺靜農先生八十七歲時的手跡。台先生以高齡，為舒先生撰此聯，字跡清秀一派歐體，可能緣以他們是老鄉，都是安徽人，也許，彼此的交情，尚有一段故事，不足為外人道，當不便多問。

舒先生終於離開電腦，慢慢向我們走來，坐在我們斜對面的沙發上，只見他穿著一條好似江南織錦緞之類的長長的睡袍，左手捏著一雙小琉璃球在悠悠轉動，大概常在練著，以靈活手指的活動。瞧著他細而敏銳的眼神裡，於老年慈祥中，透射出咄咄之神情。開始我們還談不出好話題，畢竟我們不是記者訪談，只是聊家常、談書話而已。後突兀裡想起他那本《哀婦人》的書來。這緣起於書中寫序的周筱贇先生，他是葛劍雄先生的學生，幾年前由葛介紹在我處收集資料做博士論文。序中講到由於周之促動，舒先生才有了寫《哀婦人》的興趣。話題從這裡也就慢慢說開了。

爾後，我問起汪靜之先生在人民文學出版社與聶紺弩關係有些糾葛之事？舒說，他也聽到此說，但他認為一九五四年汪與聶之不和，與事實不符。他說聶先生為人隨和，不太會與什麼人發生不必要的矛盾。所以他認為「因與聶不合，停發工資」之類的事」，純是瞎三話四。汪後去中國作協，乃是因汪本身是詩人之故。

當我問及他與賈植芳之間的關係，以及「賈拒絕與他見面」之說法？他不避諱，就即回道，「那事實是，那次賈到北京後，主動找過我，那日，請客的人也不只我一個，有綠原、牛漢。我們三個人一起做東。」當他說完這些話，倒使我想起舒先生曾為此種說法，特寫過一篇文章澄清。

對舒蕪先生，於一九五四年發生的事，人們有各種如何如何之說法多多，畢竟那年代離我們遠些，雖留下些歷史個案，不難查找，但時有隔靴搔癢之感；其紛繁複雜，不屬於同代的人，如入迷宮似的奧妙。生為晚輩，雖有些好奇留在了心裡。但我倒願讀些舒蕪的作品，特別是他對古典文學以及古代詩詞之研究，有精到的見解、文筆簡潔扼要。

那日下午，北京天氣雖冷但好，縷縷溫馨的秋陽，時斜射在他的座榻上。那刻，舒先生談興甚濃，同時，無意間他談開了舊塵往事。

「一九五四年那事，開始時我根本沒有什麼壓力，只是《人民日報》命題我寫一篇〈胡風的宗派主義〉一文，我在文中引用了胡風給我信中的部分內容，文章寫好後，記者葉瑤說要把信借去核對一下。我當時認為記者要看一下原信，也屬正常的事。而那時，確也想不到這樣的事，以後，會走得那麼遠」舒先生說的話，似也說遠了。「當時葉瑤拿到信後，也沒意識到那麼嚴重，後袁水拍看到了，覺得很重要，就送到林默涵那裡去了。林默涵後來又找到我，我才知道信已經到了他手裡。林默涵認為我寫的文章不用發表了。說人家要看胡風說什麼？當時，林默涵是中宣部文藝局長，但林還留有餘地地說：「當然，不是說胡風是反革命，但胡風真的是很反動。你就把這個寫出來，再加上簡單的注解。啊，後來，事情就越走越離譜了……」

接著他又說「我有一事，至今還是弄不明白，當時周恩來看到《人民日報》發表的文章，似乎想阻止這事，往下發展的趨勢，『就是不要先存一個誰對誰錯的問題，而是要文藝界都坐下來，平心靜氣地進行相互之間的交談。』周說的話，後來才知道，所以，我對這件事，還是看不懂；其經過、緣由、發展，究竟是怎麼一回事……」

三

當然，對謎一般的往事，如今誰也說不清，因它早已成為一段供人研究的歷史。聯繫那段歷史與現實，總見仁見智，難於定論。當然，「定論使人貧乏」。之後，舒先生又談起周氏兄弟的作品，這是舒先生喜歡的話題。我在他家看到櫥中最多的書，是周作人的作品集，也讀了他寫的許多有關周氏的作品。談著談著，時間差不多已是六點多了，我們看到他女兒方竹，已在前面那間放好了飯筷，在候他吃晚飯了。我們就與舒蕪先生一起走到小小的吃飯間，握手分別。

分手時，他從架上抽出一冊舊著《書與現實》，（三聯書店二〇〇六年版）簽名贈與，書簽於二〇〇七年十一月，舒蕪　於北京。

那次相別，時間僅二年，如今，舒先生不再在電腦前了。他已遠離紛繁複雜的是非而駕鶴西行。那些個說不清道不明，那些難於訴說之情之事，那理解難、不理解也難的歷史，我想，這一切都只能讓後人各自去評說。反正，歷史不會就此停步，它總在不以人的意志為轉移而默默地進行著。舒蕪先生走了，伴隨著他的歷史時代，也終將結束。

鄭超麟：中國最後一個托派

一

一陣歷史之風雨、一團歷史的迷霧，一如幽靈在神州大地上徘徊。一個年近百歲的跨世紀老人——鄭超麟先生，以其頑強之生命力和傳奇般的生涯，超越了自己，亦超越了歷史，終於從那風雨、那迷霧般的生活中走了出來。

也許，人們已遺忘了他，也許，正規的黨史人物傳上，還未寫進他的名字。但是，電視上播放的大型文獻紀錄片《周恩來》、《鄧小平》，卻使我們在電視螢幕上，看到了這個作為本世紀歷史見證人的鄭超麟還健在。他在紀錄片上出現了三次：第一次是「原中國留法學生」，第二次是「原中共中央機關工作人員」，第三次是「原上海市政協委員」。我撰此文時，他剛過了九十七歲的生日。不久前，我和鄭老通過電話，他聲音洪亮，在電話中很自信地對我說：「我有心臟病，有些胃病，其餘均好，我還能活過三年……。」我屈指一算，他生於一九〇一年四月十五日（農曆二月七日），那便是說，他要跨過世紀，親眼看到二十一世紀那一天的到來。

自羅章龍老人逝世後，鄭超麟老人便是健在者中，最早加入中國共產黨的一位。他於一九一九年十一月四日和全國各地約二百多個青年學生，乘法國郵船保羅．列嘉號離開上海，經香港赴法勤工儉學。並參與創建「少年共產黨」（後成為中國共產黨旅歐支部），那時他從老家福建漳平縣城離開。在法國巴黎住了一星期後，三十幾個福建學生就由華法教育會送往聖日爾曼就讀。作為中國共產黨在法國的旅歐支部成員，那時鄭超麟就和周恩來、李維漢、陳延年、蔡和森、向警予、王若飛、李富春等著名共產黨人生活在法國。他還和鄧小平（當年叫鄧希賢）一起因生活困難，在法國哈金森工廠做工，晚上同睡一個木棚。鄭超麟和趙世炎、周恩來等十八人成立「中國少年共產黨」的時間是一九二二年六月十八日。他們還辦了油印機關刊物《少年》。由於鄧小平與鄭超麟在歐洲和中央機關工作的交往，鄧小平女兒鄧榕，在《我的父親鄧小平》中，有三次詳細記載了訪問鄭老的情況。鄭超麟在法國的生活，使他從中國孔子道統思想到達民主主義思想，這中間確是經過了一番劇烈的內心鬥爭。於此，原在福建家塾中學的那些舊學與新學之觀念，突兀地在他腦海中發生了激烈的碰撞，而《新青年》中一些思想觀點、新的理念，從他去法國留學時，似乎在他所乘的海輪上的每個角落，慢慢發酵起來，使這位少年對這些新的東西，產生了濃厚興趣；那些字裡行間每一句話，像磁鐵一樣深深歎引著他，接受了另一種新的思想後，甚或使他起到摧陷廓清，振聵發聵，使其身心猶轉入了另一個新的世界。

那時，梁啟超也在巴黎，正搜集資料，準備寫他的《歐遊心影錄》。國內幾個雜誌除《新青年》外，梁漱溟發表了《東西文化及其哲學》。鄭超麟對兩梁持不同看法。他說自己是「讀《哲學史大綱》時把當時由封建社會到資產階級社會之間的一些理論問題解決了」。而他對當時國際、國內的歷史動態走向，有他自己一套獨特的想法。他認為：「中國所以沒有穩固的資產階級意德沃洛基，正是因為中國沒有資本主義發展前途。中國資本主義發展如此之晚，已經來不及趕上前進的國家，如俄國和日本資產階級所做的。俄國無產階級已經奪得了政權，其他前進國家已經將無產階級專政問題，提到議事日程上來；而中國還在開始『近代化』！無產階級迅速發展及在國際兄弟輩援助下，決不容許資產階級走完前進國家資產階級所走的道路。」

當然，鄭那時還不知，作為陳獨秀，其政治熱情，正值高漲時期，他不但辦刊，也常去散發傳單，就在鄭準備去法國留學前的六月十一日，陳獨秀在北京新世界遊藝場，一次散發傳單時，卻被北洋政府所拘捕。其實，中國的「五四」運動，以及以後發生的一切反封建運動，不無與當的一九一七年俄國的二月革命、和之後所經歷的十月革命（十一月七日），有一定的影響。至少，當時這些對於全球都有震撼力的資產階級民主革命，以及緊接著發生的由列寧和托落茨基領導的社會主義革命。對當時的中國青年，特別是有極大的思想上的影響。「而『五四』的民主口號，很快被陳獨秀等人引向了『無產階級民主』，還是『資產階階級民主』的理論糾爭。」

一九二二年十一月間陳獨秀、劉仁靜代表從長期封建社會基石上建立起來的初生的中國共產黨代表團，參加了第三國際在莫斯科召開的第四次代表大會。會後，陳獨秀要旅歐同志，去莫斯科東方大學學習。當然是學習蘇聯的革命經驗。

一九二三年三月十八日，鄭超麟和周恩來、趙世炎、陳延年、陳喬年、王若飛、尹寬等十二人去莫斯科。這也就是中共歷史上有名的十二個人，他們從法國資產階級國家到了莫斯科的無產階級國家來取經和學習，可以說，去莫斯科的學習，是鄭超麟另一種人生的開始。

二

一九二三年鄭超麟在「東大」學習生活。由於來自不同的環境，以及各自文化修養，及社會（封建社會）帶來的烙印，就產生了不間斷的內部鬥爭。鄭超麟概括了這方面的歷史，冷靜分析。他回憶說：「這些鬥爭，從整個方面看來，並非全屬私人無聊的鬥爭，也不是共產主義和無政府主義思想的鬥爭，而是當時學生中兩種類型的鬥爭。一種是敏感的、活潑的、聰明的、多方面的、好高騖遠的、愛自由的、反抗權威的、但不堅定、性格柔軟、傾向於空談。另一類則是頑強的、沉著的、果敢的、但遲鈍、狹窄、知識短淺、崇拜威權、容易屈服於威權……論文化程度，失敗者要比勝利者更高些。」

當時的「東方勞動者共產主義大學」，又名「史達林大學」，是一九二一年四月間創辦的，主要是為了教育舊俄帝國境內高加索，西伯利亞一帶諸落後民族的勞動者之用，正如另有一個「西方勞動者共產主義大學」是為了教育帝國西境立陶宛，列多尼亞諸民族的勞動者之用一般。舊俄帝國境外的東方學生，如中國，日本，朝鮮，蒙古，印度，波斯，土耳其等等學生，在裡面究竟佔據少數。這些外國學生中有許多是為了參加巴庫「東方民族會議」，彼得格拉「遠東民族會議」，而來俄國的，其中有第三國際大會的代表。

當然，在「莫大」這群中國派來的學生之中，也有反對派，那就是蔣光赤和抱樸。這是另一類型的學生殘留下來的兩個人物。這兩個人情調和其他的人如此不配稱，是一眼看得出來的。如大家都住在脫維斯卡耶街第十五號，惟有這兩個人，住在廣場旁邊那個女修道院裡。他們聰明，活潑，與那些湖南人不同，與那些浙江人也不同。蔣光赤（一九〇一——一九三一），是安徽人，抱樸是江蘇無錫人。蔣光赤是惟一的詩人，抱朴是惟一的世界語者，二人俄語都說得好，俄文都學得好，能直接與俄國人交涉，無需要羅覺為代表。每逢開會，他們都有意避不到會。大家見面時談幾句笑話，此外就不談了。幾個月之後抱樸就回國，到了符拉迪沃斯托克寫信來反對他們，連帶著也反對共產主義。但他未寫信來時，「旅莫支部」已決議開除他的黨籍了，罪名之一就是他暗中鼓動兩個紅鬍子反對負責人。而蔣光赤於次年回國前一次會議上，也把他的反對派面目顯露出來，說誰是忠實的黨員，須待回國內看工作表現。回國後，從鄭的回憶中，蔣光赤並不是好黨員。他起初還在做黨內工作，後來就離開了黨，去做文學家了——雖然是「革命文學家」。

至一八二四年暑假，鄭超麟結束了「旅莫支部」的生活奉命回國，他和陳延年同返上海。在蘇聯，他曾目睹列寧的逝世，參加過列寧的葬禮；亦見過紅場閱兵臺上史達林等要人；他聆聽過托洛茨基、布哈林、盧那查斯基、季諾維也夫和日本老社會主義者片山潛等人的演說；他認識共產國際派到中國的代表人物維經斯基、魯易、羅明納茲、米夫，以及第一次國共合作時期，派到中國來的曾權重一時的鮑羅廷。

閱讀鄭超麟老人的著述，總有一種歷史的真實感，他冷靜回顧、評述「旅歐支部」與「旅莫支部」，當年青年學生之間的磨擦和鬥爭，七十年後，於我們中國政治生中，那份歷史與現實之意義，依然存在。

三

一八二四年秋天，「五卅」前後，鄭超麟在上海黨中央編《嚮導》，蔡和森是《嚮導》週報總編輯，他那時接觸的有陳獨秀、瞿秋白、蔡和森、李立三、張太雷。在黨內流行了七十多年的左、中、右三派的源流，根據鄭超麟的親身經歷，亦於此開始。當時把國民黨分為三派，即：反對共產黨的人屬於右派，贊成《嚮導》主張的人屬於左派，二者之間是中派。

一九二五年一月二十一日，即列寧逝世一周年紀念日，中共召開了四大，列寧逝世後，蘇聯黨內不同主張的問題，亦直接影響了中共。四大最後通過的主席團成員是：陳獨秀、張國燾、蔡和森、瞿秋白、彭述之。此五人各有特點、各有資歷：陳是辛亥革命戰士，中共歷屆總書記；張是五四運動北大學生領袖；蔡是旅法勤工儉學最早的馬克思主義者；瞿是五四新文化運動積極參加者；彭是當時國際派來的同志。四大提出了「反托」態度。鄭超麟是參加會議的記錄者。中國由於受蘇聯黨內史達林和托洛茨基內部鬥爭的影響，四大後，於中國有了「托派」這個名詞。

這是列寧逝世一周年後蘇聯黨內鬥爭的歷史性產物。托洛茨基是何許人也？可參看由國際文化出版公司一九九六年二月版的《托茨斯基自傳》。特別讀「譯者前言」便基本有所清楚了。

鄭超麟先生在《鄧小平》電視記錄片上第二次出現，是大革命時期武漢中共中央宣傳部秘書，湖北省委宣傳部長。中央遷回上海後繼編中共黨刊《嚮導》及《布爾什維克》。在這文中，我想摘一點，作為歷史見證人鄭超麟，對一些問題的個人見地與看法。

「陳獨秀同五四運動的戰友，如胡適、錢玄同、劉復、周氏兄弟等分手後，就走到社會主義來，其有許多合作者，但在發展階段中，有一個人始終沒有同陳獨秀分離——那就是『李大釗』。」

「陳獨秀不是理論家……在理論方面，他遠遜於列寧和托洛茨基。他有敏銳的觸覺，事情看得深刻，看得遠。」

「我想，如果沒有第三國際外來的干涉，中國共產黨在他領導下決不會有大爭論以至分裂。中國共產黨歷來的爭論，都同國際代表有關係。」

「北伐的計畫，本是鮑羅廷向國民黨提出的，總之是俄國政府的主張。陳獨秀對北伐持不同看法。」

「北伐勝利，姑不論對於中國無產階級和共產黨是有利，還是有害，但有一件事是確實無疑的，即上面說的，『中央的傾向』也因此被『國際』的傾向壓倒了……陳獨秀的威權開始衰落……」直至「八七」會議，「陳獨秀是中央委員，但不被邀請來參加中央會議----這一點，未曾有人解釋過，可作為歷史疑點。」

鄭超麟，當時是代表湖北省委參加「八七」會議的。會議位址，是在漢口俄租界一個西式公寓裡召開的。

鄭超麟個人婚姻，由王若飛作媒介紹與雲南昆明人劉靜貞相識，那是一九二七年十二月二十四日，是耶誕節，第二年清明節前後結為伉儷，結婚後九年，才生下兒子，取名鄭弗來，德語「自由」的諧音。但孩子七歲便患肺結核去世。劉靜貞和鄭超麟婚後，一起經歷了生活的各種動盪和苦難，並一起三次被捕。第一次妻子因嚴重肺炎提前保釋，第二次，妻子被關了一個多月後被宣佈釋放，但她在獄中苦苦等了六年，第三次妻子被關了五年獲釋。

但是，鄭超麟在獄中關了二十多年之久，妻子為他奔走了二十多年。直到一九七九年，鄭老完全獲得自由，他們一起遷入政府給的新樓才幾個月，這位等了她幾十年鬢髮斑白的妻子，卻因心臟病而去世了，這麼長而艱辛的磨難和痛苦，鄭老在「全家福」三人合影上寫了一首〈摸魚兒〉的詞，可見其悽楚之心情。

詞是這樣寫的：

記當年雙棲樑燕，一雛初展毛羽。甘泉烽火頻驚夜，四野茫茫煙霧，愁幾許！但雙翦差池，未改原風度。雛兒穎悟，使一笑一顰，一言一動，總有可人處。天何意？嫩蕊先凋霜露，柔枝早折風雨。呻吟宛轉三年近，淚眼無言漫注。終莫補！似清液流星，一閃隨塵土。韶華易誤，況比翼分飛，故巢久破，追想更悽楚。

一九二九年，鄭超麟參加陳獨秀的「托洛茨基派」組織（即「中國共產黨左派反對派」），並被開除出黨。參加「托派」前後，曾三次被捕，累計被監禁時間長達三十四年。直至一九七九年完全恢復自由，任上海市政協委員。

他參加「托派」的根本原因，是反對「史達林式的社會主義」。一九九〇年五月一日，鄭超麟先生在他的一篇未發表的〈九十自述〉一文中寫道：「七十年前，當我二十歲左右時候，各國的社會黨和社會民主黨紛紛改名為共產黨（自然也有一部分未改名）；去年以至今年，我們則看到相反的過程，各國共產黨紛紛改名為社會黨和社會民主黨（自然也有一部分未改）。七十年前發生了一種過程，今天七十年後則發生相反的過程。這表示什麼？一般人說，這表示：社會主義的破產。不，這不是表示社會主義的破產，這不過表示史達林主義的破產……。」

鄭超麟是早期共產黨內的「才子」。有舊學功底並精通英、法、德、俄四國文字，還通世界語。案頭翻譯落筆成章，還研究「語法學」，「音韻學」，並長於詩詞。在監獄中寫下了幾百首詩詞，但在「文化大革命」中被焚燒，恢復自由後，根據回憶寫成了《玉伊殘集》（已出版），還在最近出版了《鄭超麟回憶錄》及《懷舊集》，還有他於近日贈我的一本未出版的《漳平文史資料》，由他撰寫的《髫齡雜憶》，還有由三聯再版的由他用筆名「綺紋」翻釋的《諸神復活》（上、下兩冊）。

鄭超麟先生，是近百歲老人，一生坎坷，政治、經濟、生活上種種磨難與痛苦，他用頑強的生命力挺過來了，晚年他視力幾乎降到失明，看書寫字摘去眼鏡。鼻頭、睫毛幾乎貼在紙上，憑著感覺歪歪扭扭地寫字、寫信。有時上行寫到下行，下行重複到上行。現今，只能用放大鏡放大寫字。每次給我的信，我總要花上二三小時，才能讀通信中句子文字。他在給我的一封信中說自己的苦衷：「我今年已將近一百歲了，雙目失明，我用放大鏡寫字，寫的字連自己都看不清，但沒有辦法，找不到人替我抄信，希望你能看懂我的信，請勿介意。」

他生活清苦，儉樸，一九八四年政府將其侄孫女鄭曉芳的戶口從福建遷入上海，如今鄭曉芳一邊工作一邊照料爺爺，鄭超麟先生如今只有一個嗜好，天天要喝咖啡，他電話中對我說：「我喝紅茶，還要加咖啡，不喝的話，沒有精神！」他如今生活在上海普陀區的靠近內環線的一個新村裡，兩間房，其中一間是臥室兼書房，斗室中擠排滿插著中外各類書藉。

五十多人來自全國各地，許多人都去看望了他。陳獨秀的孫女、孫子也去他那裡看望了他。鄭超麟先生認為：陳獨秀是最早敢於反對共產國際瞎指揮的中共領導人，他非常贊同今年五月二十五日至二十七日在上海開了「陳獨秀研討會」，他跟我說，會上有兩句話：「中國問題要中國人自己去考慮解決，外國人不懂得中國問題」。還有一句是：「中國問題，中國人能夠判斷，能夠解決！」

雖鄭老已近百歲，但今年四月二十五日給我的一封信上，他對歷史規律還是既堅強，又信心百倍，他說：「常言道，『惡到頭終有報』，可我不相信，又常言『歷史是公正的』，我也不相信！但我服從『唯物史觀』！即歷史有一定的客觀規律，就算一時偏離了規律，也會最後走上正路的。其『偏離』本身也有一定規律可尋！」

多麼意味深長的話，出自近一百歲的老人肺腑之言。鄭老確已超越了自己，亦超越了歷史，且真正從「歷史的風雨中走出來了」！

鄭超麟，於一九一八年八月一日逝世，享年九十七歲。福建省漳平縣人，自幼接受中國的傳統教育。中學畢業後，於一九一九年離鄉赴法國勤工儉學。一九二二年六月，當中國旅歐的年輕馬克思主義者，在巴黎開會，成立「少年共產黨」，鄭超麟就是十八名代表之一，其中有周恩來、趙世炎、尹寬等人。

鄭超麟與作者

何滿子：從《五雜侃》說起

一

那日，我打開一個網站，裡面有何滿子先生的靈殿，只見堂中掛著他一幀照片，一介書生儒雅，戴著一付黑邊的眼鏡正斜視著人間，樸素端莊清淨，一如王荊公詩中所寫「回首北城無限思，日酣川淨野雲高。」之意境。我想，如今何先生再不必去面對長達五六十年之久、風雨交加的人間世了，他終可去了「川淨野雲」的另一個世界！於是，我在他靈殿，按佛教禮儀，燃起三支馨香，先右、再左、終中祭拜了他，讓他安息後飛馳到天上人間。

我初識何老，是在他的一統樓，但最早讀他的書，是王春瑜先生介紹的。當年，成都出版社出版《當代名家雜文系列》，內有馬識途、黃裳、邵燕祥等人的作品，其中何先生的一本叫《五雜侃》，令我讀得津津有味。何先生自己說，此書是於一九八九年至一九九二年之間，陸續寫下的隨筆。而其中《納涼侃戲》是在一九八九年夏寫成，試想在這敏感時間裡，寫下如《曹操的臉譜》、《董卓戲》等篇什，無不更具特定的時代性和他的現實意義。那時，何老正準備撰一本《漢末清議人物剪影》，之後，我看到二〇〇七年五月由花城出版社出版了《中古文人風采》一書，也正是撰寫漢末的人物的。

他說董卓正是一個凶神惡剎煞的人物，在當時亂烘烘的天下，幹了許多亂殺無辜之事，給歷史投下了短暫的血腥味的陰影。何先生從董卓這個歷史人物寫到了另一組《讀筆記雜侃》。如〈朱元璋懲「偶語」〉、〈朱元璋對文人的仇視情結〉、〈明人張居正結交大監〉等。這些短小雜文，既有史實又充滿作者一顆正義感的靈魂，讀後在當時確給了我不小的心靈震憾。因為，誠如何先生自述：「一個人有議論，包括讀歷史，都不能不和下筆時的環境有關，有時甚至是為某一現象乃至某種聽到的言談所直接激發，這種因緣回應當然不是讀者所全能領會。」（《五雜侃》前記）

二

正是有了何先生對讀者的坦誠相告，我從此對何著，就格外留意他的言外之意，總尋覓著他給讀者的那份「因緣回應」。的確，自八九年後，何先生的每一篇文章，讓我充分領略了雜文的價值。因為，何老寫於二十年之中的所有文字，距今雖二十年悄然過去，但至今讀來都沒有過時，那是因為我們於民主與科學的踐行上，依然徘徊甚或起步緩緩。鑒此，何先生的文章，就更有了歷史與現實的意義。

何先生一生坎坷，歷經磨難，但這絲毫不銷蝕他的任何敢說真話的精神，乃是因為魯迅精神始終於他心靈燃燒，猶如不滅的民魂聖火。他曾說：「對我影響最大的第一人是魯迅，我們是在魯迅的哺育下長大的。」（何滿子、易之：〈一些文學問題的對話〉，《文學自由談》二〇〇五年第四期）他認為「魯迅是民族精神的首席代表和中國文化的第一偉人」。可以說何先生於災難中的精神支柱，始終是魯迅的人格與氣質，他的雜文創作的最高標幟，也是高山仰止的魯迅思想。

記得他曾經寫過多篇雜文，反對文學的低俗化，反對庸俗地吹捧低俗文學，主張堅持、發揚魯迅開創的「五四」新文學的光輝傳統。他堅持認為文學要有高尚的旨趣，要給人以美感和愉悅，而不能僅僅滿足一部分人的趣味所趨。

寫到此，使我想起這近來的十多年中，何老曾多次著文堅決反對文化界掀起的「周作人熱」、「張愛玲熱」。對時下的「張熱」他還給多個文友寫信，呼籲共同抵制，著文批判。（見〈送別何滿子〉「王春瑜博客」）對於何先生那種執著的精神，當時我想，何先生在感情上是否有恨鐵不成鋼的偏激，甚或由於太受中國傳統文化和魯迅的影響之故；對此我閱讀了許多與他有不同看法的文字，也審時度勢觀察了改革開放後出現於中國社會的各種現狀。思考的結果是：對於中國文壇現階段，一波又一波地掀起猶恐不及之時尚熱現象，其強度與濃度，於世界上也屬少見；而時顯烘炒的文化熱潮，乃或烘炒著的一個個走馬燈式的各式人物；而且那種被時尚和被利益所扭曲的文狀；那種浮躁、急功近利、自我感覺特別良好的千姿百態，無不令人作嘔、令人悲哀。

三

如果，以此一思，這種種怪現象，雖有受「時代的影響，歷史有時身不由已。」（林毓生〈認識五四、認同五四——遲到的紀念〉）但是，我認為何滿子先生的激憤，不是沒有道理，極應引起人們的再思考。因惟有對我們民族的長遠發展，有憂患意識，並有正確之引導，我們才能讓眾多讀者較為冷靜地去讀好作品，以及去邂逅最優秀的作家；我們才不至於被強勢意識所造成的扭曲的反撲所左右、甚或愚弄。這與許是何老承繼魯迅精神的重要思想，更是出於他內心最強烈的一種呼喚。何老之見，雖有異議，但多麼值得我們尊重。我想，何老的一些思想，那一份民族國魂的責任之感，隨著時間的再推移，將會更顯其真知灼見。

的確，如今我們不乏書讀，據統計我們是出版物排行大國，可好書少，濫書多，套話空話之書多，精言實語之書少。所以，發現好書，重新閱讀，已成為迫在眉睫之時。

當我讀何先生近九十萬字的三卷本學術文集時，就更有了這般的感覺。其內容廣泛、精緻，所及中外歷史、文學、心理學、民俗學，以及若干產生過重要影響的近現代文學思潮、哲學、心理學流派等等。而且何先生每為一文，總顯出其思想之深刻、觀點的獨到、治學之謹嚴。他對西方從遠古時代、希臘時期、中古時期乃至近現代的史實、典故，無不信手拈來。他出版的學術著作和其他各類著作，近五十部，確給後人留下了豐富的思想與學術遺產。

今日，何老雖匆匆離我們而去，但他留於人間的書，卻讓我們讀不盡讀不完，並永可讓我們沉思，那是因為書中所言，給了我們道德的熱情和理性的力量。

一聲《何滿子》，雙淚落君前。我終淚痕依依地告別了何滿子先生。何老艱辛地走過了九十年，真不容易，他的生平事業，已有多人寫出，我只是一鱗半爪地寫些感觸。滿子先生仙逝，於今已近三月，懷念之情，深縈於心，今從春瑜先生電告中獲悉，將出何滿子先生紀念集，即寫小文，以寄哀思。

何滿子

沈家本：清末一位法律改革家

我的鄉前輩，近一千萬字的《沈家本全集》（中國政法大學出版社，二〇一〇版），已出版聞世，因是法學家業內之書，關注者甚少。同時，在沈家本故里，即建沈家本（一八四〇——一九一三）紀念館；這是為後世緬懷清末法學家、中國法制現代化之父，一件極有意義的事。而今想來，從沈家本辭世，百年歲月，飄然而逝；但他改革中國法律之思想，惠及後人，且正沿著他的足跡，繼續向深度發展。今年，是沈家本誕辰一七〇周年，他在天之靈，也可慰矣。

一

著名法學家黃靜嘉先生，曾在〈沈家本——我國法制現代化之父〉一文中說到：「回顧清末修訂法律之故實，筆者認為真是歷史的『幸運』，當時，能推出沈家本這樣的人選出來，成就為我國法制之現代化奠基之勳業。沈氏誠為斯職之不二理想人選，微沈氏，當時修律之績效，可能大為減色，我國法制現代化之途徑，可能更為曲折。」（見李貴連《沈家本年譜長編・序》）誠者斯言，在這樣歷史的拐點上，在江南水鄉，養育出了中國近代法律革改第一人，確是歷史的幸運。黃先生認為，在近代法制史上，能擔綱此重任者，惟沈家本不可。若推出其他人選，晚清的修律可大為減色，改革的前途就更曲折。

讀了這段話，晚清之際，建立現代法制社會，已刻不容緩。沈家本在歷史上的出現，若於中國法制史視野，確到了「天降大任於斯人也」的時刻。這不禁令人想起一段話：「幫有道則知，幫無道則愚。其知可及也，其愚不可及也。」從中國二千年法律思想的變遷，以沈家本從人本主義出發修訂新律，其目的是使國家有道，由愚變知。因為，法律的正義與善惡，抑或法律不再是「人們頭上斧頭的統治」，確是評定一個民族與國家優劣的基石。時至清末，在落後、愚昧、腐敗的氣象下，如何實踐中西法會通，制訂新律，「深究其政治之得失」（見《寄簃文存》），已時不我待。所以，沈家本到了六十多歲後，急呼喚出：「我法之不善者當去之，當去而不去，是為之悖；彼法之善者當取之，當取而不取，是為之愚。」他向清廷提出「舉全國之精神，胥貫注於法律之內」，才能使國家強盛。此足見沈氏思想的高瞻遠矚。

當時，以張之洞為首的禮教派，時眷戀著封建秩序，沉溺於「中體西用」；沈無不奮身而起，予以強烈駁斥。一九〇四年二月，日俄戰爭爆發，俄國戰敗，時傳立憲政體戰勝專制政體。清朝內要求立憲的輿論，也日益高漲，駐外公使和地方督撫，也紛紛奏請，仿效日本及歐美政治，實行君主立憲。清末為自救、自強、自改革，於一九〇五年至一九〇六年，派出於鎮國公載澤為首的五大臣出洋考察。為改革政體，以考察各國政體、憲法為中心。晚清似乎有了立憲的決心。載澤、端方考察回國後，被召見時，力陳「中國不立憲之害及立憲之利」，並一連上了好幾份奏摺，詳加闡述。其中〈奏請宣佈立憲密折〉、〈請定國是以安大計折〉，歷數憲政三利：一曰「皇位永固」，二曰「外患較輕」，三曰「內亂可弭」。慈禧令各王公大臣將奏摺傳閱討論，結果公議立憲有利，應該實行，但在時限緩急上，卻各有分歧。其時，沈家本與伍廷芳等人，為晚清之革新法律，急於一九〇四年，向清政府提交了在傳統法基礎上，吸收了當時先進國家成果的《刑事民事訴訟法》和《新刑律草案》。提出禁止刑訊，削減死罪條款，改進死刑執行方式，廢除有關奴婢條款、統一滿漢法律待遇等等。但是，這樣的改革，終究觸犯滿族貴族集團，那根深蒂固的利益鏈。雖然清政府在預備立憲以後，又推出了改革官制、頒佈憲法大綱、設立諮議局和資政院等一系列措施。

沈家本的修律，首受到隅抗的，卻來自力薦他出任修律大臣的張之洞。這位於清末政壇名重一時、洋務派的代表人物，也算是改革派陣營中的大臣，但對沈家本的修律，卻持強烈反對態度，這，確使沈家本陷於兩難境地。難怪當年，李鴻章曾說：中國是一座樑衰棟朽的老房子，而一些試度變革的人，都是「裱糊匠」。也確如此，在衰朽的老房子裡作改革，又不去充當裱糊匠，其難可知。可見清王朝的腐敗專制統治，已像一座基礎腐爛快要倒塌的房屋，一時不可救藥。

二

於是，神州大地上，一場作為「思想大激戰」的「禮法之爭」，就此拉開帷幕。

西學東漸以來，西方法律文化的優越，使中國傳統法制的殘暴、野蠻暴露無疑。沈家本的法學思想，並非僅囿於中國傳統法律學。他曾精研歐美及日本等各國的法典、法律思想和新的學說。他一直期望著傾其所學，通過修律來救助危難中的國家和民族。若按照以沈家本為首的法理派的看法，修律的方向，就是向歐美看齊，用西方流行的法理來指導中國的修律工作。當時，伍廷芳提出，日本已經走過的法制改革之路，就是中國應該照著走的法制改革之路。沈家本雖然沒有受過完整而系統的西方教育，卻持有與伍廷芳相似的法律改革觀。在沈家本看來，中國法律的西方化，乃是不容抗拒的。因而，修訂法律，就必以「模範列強為宗旨」，當然並非全棄中國傳統法之精華。但張之洞不認可這種看法。一九〇七年九月三日，他向清廷提交了一份《遵旨核議新編刑事民事訴訟法折》，認為新法「有礙難通行之處」，他認為：「立法固貴因時，而經國必正本，值此環球交通之世，從前舊法自不能不量加變易，東西各國政法可採者亦多取其長，補我所短，揆時度勢，誠不可緩。然必須將中國民情風俗、法令源流，通籌熟計，然後量為變通」。因此，「今日修改法律自應博採東西諸國法律，詳加參酌，從速釐定，而仍求合於國家政教大綱，方為妥善辦法」。在張之洞看來，沈家本所修訂的新的訴訟法，違反了以「三綱五常」為核心的中國禮教綱紀，動搖了中國文明的根本，必須予以駁斥。張之洞所謂學習西法，承認西法精良，成效顯著。但他認為學習的前提是「中學為體」，中法的原則不能動，「西學為用」，即西法的基本原則不能學；西法要求實行民權，人民有民主、自由、平等的權利，張之洞卻認為，中國現時民智未開，不可談民權，特別是「三綱」不可變。這便是以張之洞為代表的禮教派，對於新法所持的態度。作為禮教派大臣的勞乃宣，對沈家本的這類傷筋動骨的改革，也持有強烈排折。他說：「風俗者，法律之母者，立法而不因其俗，其鑿枘也必矣。中國，農桑之國也，故政治從家法；朔方，獵牧之國也，故政治從兵法；歐美，工商之國也，故政治從商法。若以中國家法政治治朔方，以朔方兵法政治治歐美，不待智者而知其不可行也。今欲以歐美之商法政治治中國，抑獨可行之無弊乎？」其核心意思是，中國是農桑之國，其法律必從家法。也就是說，法律可以變，但綱常不能變。說穿了，就是一個人說了算的家長制不能變。此禮、法之爭，其聲音已不僅僅局限在宮廷內部，當時，晚清的新聞媒體，也將此場論爭向世人和社會作了報導。如當年的《國聞報》（一九一〇年二月二日頭版）是這樣記事的：「第一次新刑律草案，為京內外大員駁議後，法律館又加修訂。目前在憲政館會議此事時，勞乃宣與沈家本意見大忤……。」《大公報》也應有相關報導。而《帝國日報》也有相應報導。如楊度於一九一〇年十二月五日《帝國日報》上發表了題為〈國家主義與家族主義之區別〉文章。其實，此理論之據，早於一八九八年張之洞所撰《勸學篇》中，就闡述了這一觀點：「夫不可變者，倫紀也，非法制也；聖道也，非器械也；心術也，非工藝也。」所以，他對沈家本修訂新律，必遵循其「變法不變道」為其宗旨。於此，沈家本在這樣的氣勢中，那夾縫中進行的改革，有的被駁回，有被長期擱置。

然而，以沈家本、伍廷芳、楊度等法理派的觀點，卻堅為「變法也變道」。如，以「父子平等」取代「父為子綱」，以「夫婦分資」取代「夫為妻綱」，以西式的「個體主義」取代中式的「家族主義」等，雖這些觀點，沒有直言不諱地表達出來，但卻已隱藏在他們向朝廷提交的「法律草案」以及「關於法律草案的說明」中了。其實，法理派當年也並未想打倒三綱五常。他們只是認為，在新的形勢下，中國不得不按照西方的法理與法制，遂改造中國的法律；如果在無意之中觸及到三綱五常，那是改革本身的邏輯導致的結果，因改革而必須支付一定的代價。

人說，沈家本是「封建官僚不封建」，這對於一個曾出身官宦之家、自幼熟讀史書、受儒家正統文化影響至深的高官，確難能可貴。這場持續了近十年的禮法之爭，其實質是圍繞「『刑以弼教』還是『變法自強』」而展開。大致分兩個階段：從修改《大清律例》開始到《大清新刑律》（草案）告成為止，這一階段的鬥爭，主要是圍繞修律宗旨進行，是以潛在方式在進行。由於沈家本順應當時清政府要自強自改革之際，而使修新律沒有遇到大的阻礙。《大清新刑律》拋棄了舊律的結構形式，採用了近代西方刑法典的體例，將整部法典分為總則和分則兩部分，並規定刑罰分為主刑和從刑兩種。沈家本反對酷刑，廢除肉刑，提倡慎刑，主張刑罰人道主義。他廢除了凌遲、梟首、戮屍等酷刑，並參照西方國家法律在《新刑律》中引入了故意、過失、正當防衛等現代法學理論。《大清新刑律》標誌著殘酷的古代刑法的解體，以大陸法系為基礎的現代刑法體系的開始形成。而從一九〇八年至一九一一年沈家本去職為止，是他設計新法的第二階段。由此可分兩個方面，第一是沈家本派同張之洞等的鬥爭，第二是沈家本同勞乃宣等於資政院議員的公開對壘。

三

持續了十年的「禮教」與「法理」之爭，當然，最後，以沈家本的退讓，暫告一段落。因無論從清政府對一系列改革的變化上，還是從沈家本力不所逮、宦海沉浮上，於宣統三年，在禮教派的彈劾下，沈家本被迫辭去了修訂法律大臣和資政院副總裁的職務。他告別了官場，終於回到了位於金井胡同，他熱愛的書房「枕碧樓」中著書立說。儘管他仍然擔任著袁世凱政府的法部龍頭，但年事已高，只是掛了一個法律顧問的虛名，基本上是在枕碧樓裡研究法學，著書立說，度過了他人生中的最後歲月。

今天，當我們回眸百年前的禮教派與法理派之爭，雖然觀點對立，水火不容，但爭論尚未全面而深入地展開，因張之洞也於一九〇九年的去世，雙方的爭論，也煙消雲散。沈家本雖被迫退讓，但「禮教」與「法理」之爭，似未最後定局。應該說，在近代法制改革中，最後的勝利者還是時代的順應者。若從中國近代法制史來看，這場鬥爭，實際上是維護了沈家本最後的修律成果。

因為，從光緒二十八年（一九〇二）至宣統三年（一九一一），沈家本苦苦經營改革的十年，雖然不能按自己的意願，充分地修律，但畢竟使新律吸收了資產階級法律形式，建立了近代法體系，引進了資產階級法律制度原則，刪改了舊律中落後野蠻的內容。而從晚清最後的政治運作中，更可看到法理派符合民心與世界之潮流。

一九〇八年十一月光緒皇帝與慈禧太后相繼去世。兩宮遺詔，皆重申立憲進程，應該遵循以前的計畫。一九〇八年十二月二日，宣統皇帝即位，載灃攝政。即有上諭：「嚴飭內外臣工務在第九年內將各項籌備事宜一律辦齊，屆時即行頒佈欽定憲法，並頒佈召集議員之詔各等諭。」一若據《九年籌備清單》，一九〇九年二月十七日，清政府發出上諭：「本年各省均應諮議局選舉及籌辦各州縣地方自治，設立自治研究所，選用公正明慎之員紳，一律依限成立。」十月，各省諮議局成立。十一月，以溥倫及載澤為纂擬憲法大臣，陝甘總督升允因奏阻立憲而開缺。一九〇九年下半年至一九一〇年初，各省諮議局選出代表齊赴北京，請願速開國會。一九一〇年五月，請願代表及一些商會代表，再次伏闕上書，請求速開國會。一九一〇年十月，請願代表聯合北京各界人士，第三次上書請願，至有剜肉血書者。各刊物報紙、各社會團體，也爭相鼓吹開議院、定憲法，聲勢不可謂不小，又有各省督撫大半來電，奏請速開國會並設立責任內閣。而資政院第一次年會，於十月三日召開，按章程會期為三個月。請願代表上書資政院，資政院代表大多來源於各省諮議局，自然引起同情與共鳴，遂決議上奏請速開國會。其時國內局勢，已經極度動盪不安，革命漸有山雨欲來風滿樓之勢。直至一九一一年辛亥革命的成功。而沈家本尤其修訂之新律，終使中國的法律不再獨立於世界之外，並成為其中的一員。同時，對於中國近代法律思想、法律制度的發展，直至對民國法律與法制的形成，都產生了深遠的影響。

如今，一個世紀過去了，沈家本的一些思想和抱負，卻留給了後人不盡的思考和借鑒。然而，不幸的是近百年來，每至歷史拐點之時，人們似乎總處於一種兩難的境地。如在現代的歷次改革中，國情不符，時機不成熟，民智、人員素質差等，一直成為不思改革的理由。的確，有哪一項改革能不關乎風俗、民生、國情呢？馬克思曾說過，一切已死的先輩們的傳統，像夢魘一樣糾纏著活人的頭腦。中國近代歷史上一些改革者的失敗，也似乎早恰證了這一點，無疑是先知的一部活的歷史。迄今，我們又面臨創新與變革之際，一如走在了懸崖的獨木橋上，又在艱辛踽踽而行。

想當年，已被堅船利炮被迫打開了國門的中國，在飽嘗了內憂外患後，有見識的先進知識分子，總是極力主張變法圖強。據此，我又聯翩而至地想起了魯迅，也恰在沈家本修律改革的那幾年，他正寫出了〈斯巴達之魂〉、〈摩羅詩力說〉以及〈科學史教篇〉等文，魯迅作為一名先進的知識分子，一向反對「中體西用」，反對那些「掔維新之衣，用蔽其自私之體」的假改革者。他一向反對「明於禮義，陋於見人心」的一如張之洞之類人物。魯迅還認為，「誠若為今立計，所當稽求既往，相度方來，掊物質而張靈明，任個人而力排眾數。」如此才能「外之既不後於世界之思潮，內之仍弗失固有之血脈……」

一九一三年，當沈家本離世時，魯迅先生到北京第二年，正是中華民國政府教育部的一名小官員。他們之間，一是法學家，一是文學家；雖隔了幾代人，但我想，凡具革新的思想者，只要不蔽其自私之體，其靈犀總是相通的，他們總時與世界潮流相接壤。從沈家本到魯迅直至今天，中國之法意，雖珊珊來遲，腳步雖沉重了些，但他仍向前邁進。

徐遲：詞客哀時未返家

一

聞訊中國戲劇大師曹禺逝世，緊接著又傳來中國詩人徐遲不幸逝世。對於曾對中國文壇有過貢獻的人，相繼去世，不禁悲痛。但對同是故鄉人，又曾獲毛澤東「詩言志」詩人桂冠之徐遲詩人「因不幸」而離開人間，更具一種莊嚴又愕然的震動！

漸漸地一些有關老詩人之死的消息逐一傳來。十二月十九日，李輝先生在《新民晚報》發了一篇〈悲徐遲〉之最迅疾的報導。他直截了當地說到了：「徐遲走了！以一種誰也意想不到的方式結束了自己的生命！」他那篇急說於北京之文稿，一旦發在訂戶讀者有全國幾百萬戶份的《新民晚報》上，無疑猶如一潭池水中，拋下一塊巨石，遂使幾百萬讀者感到突然，此資訊逐一互為傳遞，且產生了越來越多的疑惑不解之謎……

就在李輝報導發出的同時，作為徐遲先生故鄉南潯鎮同鄉聯絡會，懷著鄉情濃濃，遺願不已，急派人員去武漢參加作為「家庭式」的遺體告別儀式。從武漢歸來之人，對徐遲已進入年邁體弱之八十四歲這般高齡，最終採取了「難於令人相信」的方式來結束自己的生命，總不堪多談，採取儘量回避的方式說起這件悲哀之事。

剛從武漢歸來的人說，「徐遲感到才思枯竭，為寫不出像他年輕時那般如潮水湧來之文章而痛苦，最終採取了結束自己的生命。」但當人在電話中，告訴他李輝之報導，已講了許多謎語，想請他告知一下武漢之行的實情。他只說了：「家人均痛哭流涕，而告別儀式亦冷冷清清，當地領導，湖北省有關部門也沒有什麼要人前來參加。」我聽了武漢歸來之人不願多談的電話，不禁想起李清照的詞：「冷冷清清，淒淒慘慘……」也許那場面抑或是不堪回首的了。進一步再問他，送花圈的「最高級別」是誰？答曰：「似乎有巴老送了一個花圈。」這可能是巴金老女兒之意思。因為，李輝在〈悲徐遲〉文中也寫到：「就在一星期前，李小林（巴老女兒）與我在電話中談及想請徐遲為《收穫》開辦一個專欄的設想。昨天晚上，我告訴她這個噩耗。她連聲說遺憾，說如果早一點與徐遲商定，說不定他不會做出這樣的選擇！」巴金老送了花圈，從李輝之文，似乎是對開專欄遲不商定，巴老女兒有一遺憾，可能是一種遺憾之心的補償。

二

十二月二十一日下午，那日下午冬至後如早春一般晴朗溫暖；由《文匯讀書週報》曾登載訪問記「雅人・雅人・雅事」之費在山老先生約了我和曾與徐遲共事多年（抗戰後在浙江湖州南潯中學）的原潯中老校長林黎元先生（和徐遲同是八十四歲高齡）三人一起相約在趙孟頫故居「蓮花莊」《松雪齋》一邊品茗一邊聊談，很自然的話題是「談徐遲」之往事。兩位老者各有說法：費在山老咬定徐遲之死因是：「對老年人，特別如徐遲先生這般年齡，進入黃昏戀，無疑是人生最後一個大失敗，想在黃昏戀中尋求晚年之心靈平靜，那不過是詩人羅曼蒂克的一種自欺欺人之幻想，當幻想一旦幻滅，只有二條路，一是遁入空門，二是自取早亡。而前一條路，於現實不合，亦難走，特別像徐遲先生，對世間名利未泯滅，不可能選擇前者，那麼，只能『走捷徑』，取後者之路結束自己的生命。」林老卻另有說法：「我和徐遲在抗戰後一起接管南潯中學，我是校長，他是教導主任，南潯解放前一年他卻去了北京，我仍留在家鄉苦撐著這個學校，後我經歷了冤假錯案，及文革之坎坷歷程。而徐遲一直是撐著「順風船」的人，無多大坎坷，我猶如人間一顆石子，菱角都被磨平了；人世間之甜酸苦辣對我如一杯白開水，而徐遲不同，他生性浪漫，又是名人，講體面，也許，目前之現狀，他難於熬過，於是他選擇了這條道路，這是條對子女、對親友均不負責任的選擇，抑或他選擇一條他認為是「鳳凰涅」式的，轟轟烈烈的羅曼蒂克之路！」

被蕭乾老所稱讚為「一間門面的文化交流中心」的嘉興秀州書局范笑我先生所編《秀州書局簡訊》第五十二期（一九九六的十二月二十八日）發了第一條直言不諱的訊音：「著名作家，八十三歲高齡的徐遲十二月十三日凌晨從武漢某醫院的六樓跳下身亡。」可以說，從文字的記載，他是第一個把徐遲先生死亡真相，以白紙黑字記錄下來。不管人們私下裡傳說了徐遲跳樓墜落的事實！應該說范笑我的文字記載當屬首記。當我寫這篇文章時（九七年一月一日）還未見到任何用文字記載此真情。除非我孤陋寡聞。

也可算和徐遲同鄉人的葛劍雄先生在電話中亦無不遺憾地談起了徐遲，他又有另一番說法，他說：「沒有讀李輝文章前，新華社電訊中，明眼人一讀就知道，因為用了「不幸逝世」，乃「不幸」已很少用了的字眼。上海華東師大年輕文學博士胡河清，於一九九四年四月某日，選擇了在滂沱大雨和電閃雷鳴的時候跳樓自殺身亡，可他是三十多歲的小青年，徐遲先生已八十多歲高齡了，還像胡河清那樣作了這種最後的選擇，真不可思議。徐遲寫陳景潤之《哥德巴赫猜想》的報告文學而聞名，其實，從科技界來看，顯然把陳景潤拔高了些，對「哥德巴赫」這類數學探索，世界上已有幾十位數學家在研探，陳景潤最後也沒有解決。徐遲晚年寫了《江南小鎮》，顯然不是寫小鎮人的生活，而是寫了他自己。有些章節與事實不符並在字裡行間似乎拔高了自己的形象。《江南小鎮》有七百二十六頁，這麼冗長而寫他自己的書，沒有市場，也不應題命為「江南小鎮」。作為一個專為抒發個人感情的作家而非學者，徐遲晚年，寫作上已日顯平庸，所以，他已經不可能寫出有深度的作品了。這些，也在困擾著他的晚年心靈，使他苦惱，因為他畢竟是一個趕時潮浪兒的作家，再加之婚姻與家庭問題之纏繞，使他走入了這條不應選擇的方式來結束自己的生命。」

葛劍雄先生電話中的話，使我想起王蒙在一九九六年十一月份《讀書》雜誌上寫的評當代作家的文章〈感受昨天〉。他談到老作家孫犁：「也許我們這裡不能忽視的是孫犁的例子，與那些年出盡風頭或者觸盡霉頭的作家與作品相比，他是做到既能自保又不放棄自己的藝術追求的。……他從來不追風趕浪，從來沒有大紅大紫……許多年過去了，他的作品仍然栩栩如生，保持著遠比旁人的應時之作更長久的生命力。」我想和孫犁對照，也許，徐遲先生從年輕時代直到晚年時光，都未能有孫犁這種寧靜與睿智之心態。那麼，亦可算徐遲老鄉葛劍雄教授的一番話也屬中肯之言。

三

已經編了八年《南潯通訊》之眭桂慶先生，他告訴了一些有關徐遲這幾年回故鄉所發生的近況：「九二年年底，徐遲攜新婚夫人陳彬彬來故鄉南潯，陳約五十五歲，中等身材，生的端莊且穿戴具有現代時尚的衣飾，她是四川大學中文系副教授，那時徐遲和她剛在深圳擺喜酒度蜜月後而回故鄉的。在故鄉行中，徐遲先生所到之處，總給鄉友介紹：「這是彬彬，這是彬彬！」似乎喜上心來。那時徐遲已有八十一歲高齡了。」

「後來約在九四年，徐遲又攜夫人陳彬彬回故鄉一次。爾後遂漸聽到在武漢工作同屬鄉友的丁先生說，那時徐遲夫婦僅為一點小事，就常拌嘴，爭吵不休；那段時間徐遲常要帶新婚夫人去深圳，香港，雖有人接待，但自己開銷亦很大；徐遲雖有多年稿酬積蓄，但還要送小女兒去法國進修音樂，故也遭子女反對這類新婚，兩者都要照顧，徐遲老了，力不從心矣！」

眭先生還在電話中告訴我：「徐遲先生與陳彬彬之黃昏戀約維繫了一年零八個月左右，即分離了，這無疑對徐遲是一件不悅之事，對一個八十多歲的老人，確是一個不小的衝擊波。」最後他還在電話中作了一點小小的評價：「徐遲是詩人，五十年前就較浪漫，心中的浪漫詩情時時會在他心頭激起陣陣漣漪，但由於這近五十年來，運動不斷，政治氣候亦緊，就算你有歌德、貝多芬，抑或中國的郁達夫、徐志摩那份浪漫，在近半個世紀裡，你想浪漫也浪漫不起來，而改革開放後，特別是九三年左右這段時間，中國人講「瀟灑走一回」，於是，在那種政治氣候較寬鬆的情況下，徐遲那詩人浪漫之天性，有了一種土壤和氣候可以復甦。但是，從傳統走向現代，從穩定走向不穩定，徐遲先生還是太多眷戀著原配夫人陳松那份感情，那份賢妻良母式的溫馨。當徐遲先生面對自己釀成的苦酒，並飲著自己釀成的這杯苦酒時，他確丟失了一個哲人說的「人生真正的幸福和歡樂浸透在親密無間的家庭關係中」。由於這份幸福的丟失，他最終選擇了呂劍詩人為之歎息的話：「他選擇這條結束生命的道路，確是太殘酷了，並且是使人難解的一種方式！」這位五十年代曾和徐遲一起編《詩刊》的同仁也為之扼腕。

對於徐遲之死，曾在《江南》雜誌發過徐遲《江南小鎮》續編《在共和國最初的日子裡》的《江南》主編汪浙成先生在十二月十六日晚也在電話中對我談了一點和上述幾位生看法不同看法：「我剛去北京參加全國文代會期間，我正好在去北京飛機上就聽說了徐遲不幸的事。當時我就感到很意外，後來在文代會上，湖北文聯代表正好住在我們浙江代表的樓上。我在湖北文聯代表那裡證實了，是在十二月十二日晚上十一點多，徐遲住院病房的護士去查房，一問旁邊（兩人一間）那位住院病人，怎麼徐遲離開病房了？（因已經很晚了）那位病人說，他到陽臺上去走走了；結果護士往陽太走去找他，根本不見徐遲在陽臺，護士急起來了，就從陽臺上往下瞧，徐遲已倒在樓下了。」

「別人說是黃昏戀的關係，但徐遲在我主編《江南》雜誌上因發《續集》，通了幾封信，每一次他來信，總要帶上句：「彬彬向您問好」！如果是陳彬彬的關係，那麼，徐遲先生為什麼每一次給我來信，總要帶上「彬彬向您問好呢」？我總感到，沒有跡象表明是因為「黃昏戀」的原因而死亡。李輝說是「孤獨感」，我說也不是主因，我聽湖北文聯同志跟我講，在全湖北省，應該說對徐遲先生的照顧和關心已算最上等了。最早時，他要電腦，他們就送了一台電腦去，後來說這台電腦老了，又送了一台新的電腦去。」《江南》主編汪浙成最後在電話中說：「我從徐遲給我的幾封信中的言語，真看不出徐遲因為『黃昏戀』或『孤獨感』而選擇這種最後死的方式的。」

一九九七年一月三日，上海施蟄存老給友人的一封信中是這般寫的：「徐遲是老友；他最早的詩，是我為他發表於我辦的《現代》月刊上的，由此成名。解放後，特別是寫了一篇《哥德巴赫猜想》（刊於《人民日報》），由此大名鼎鼎，然由此而自高自大，不認老朋友了。去年，回南潯時來我處，小座即去，與他相對無言，我們已談不攏了！」

「聽說他續弦後，伉儷不合，鬧了離婚，新夫人把他的錢都刮光了，以致鬱鬱不樂，終至自殺，恐亦當『自負贏虧』了，怪誰呢？……。」

嘉興秀州書局第五十三期（一九九七年一月二十日）簡訊轉載了米舒（曹正文）先生一月六

日電話說：「馮亦代先生認為徐遲跳樓是狂躁症所致！」並轉載了范泉先生一月十一日從上海來信說：「……徐遲兄孩子徐津、徐延、徐建、徐音正向其父親的朋友徵稿，編成紀念集《送徐遲遠行》（暫名），由上海書店出版社出版。」

與此同時，浙江工人報有一小文撰徐遲之死，爾後陸續由《文匯報》筆會發了周嘉俊和金克木等先生悼徐遲之文稿。

四

我想，對於徐遲之死，應該說「黃昏戀」、「孤獨感」之類的原因出發點他這般已達八十四歲高齡的人，根本不太可能造成他會去跳樓的。至於施蟄存老的說法，亦不能苟同，金錢對徐遲那樣高齡的人也不太那麼重要了，徐遲先生決不會如伯夷、叔齊那般傻而會「餓死在首陽山」上的，至少他還保留一份退休工資在。

至於馮亦代先生說「是一種狂躁症」。也許徐遲是患有這類似「狂躁症」的病象。無論哪類病，在平時未發展到頑症、絕症時，總有一點跡象在平時會發生過。而在徐遲先生身上根本沒有這類病症。從徐遲在《筆會》上最後一文〈我與電腦〉的字裡行間，也看不出。這篇文章離他死時最近，我們從這篇文章看，似乎倒使讀者看到了徐遲先生從未有過的「大膽地說了一些真話」或「說了一些牢騷話」的文字。如誰有興趣，確可查找《筆會》此文一讀。

一九九七年一月二十二日李劼先生發在《筆會》上的文章〈山頂立和海底行〉，此文也許正好可結束我這篇拙文的一點啟示！李劼闡述了「從某種終極意義上說，人生具有本然的修煉意味，只是有的人意識到了，有的人沒有意識到。但不管意識到的還是沒有意識到的，人生總不外乎呈現為向上和向下這兩種生命狀態。」他列舉了李白的「山頂立」。又列舉了曾在「高處不勝寒」的蘇東坡，並促使蘇東坡意識到「高高山頂立並不完全意味著成功，也同樣意味著孤獨和寂寞。」李劼先生又列舉了「海底行」的人生歷程，如陶淵明的採菊東籬下是一種，李叔同的皈依佛門是一種，比起「山頂立」那樣迎風展翅，海底行是低調的，默默無聞的。

李劼先生又列舉了京郊香河有個老太太的例子，此老太太一生普普通通，有一顆平常心，走時（去世後）卻留下一個真身！

我想，人總是喜向「高山行」的，但「高處往往不勝寒」，俗話說：「水往低處流」，但人總以為「人如水般往下流」總感覺是沒有出息！於是，大家說「做人真難！」

李劼先生與胡河清是同窗好友，不知胡河清先生選擇是「山頂立」還是「海底行」呢？而徐遲抑或屬哪類呢？

我想，此題也許所涉太深、太玄。「仁者樂山」，「智者樂水」，人言名殊，人生也只能任由自己去選擇了。

於一九九七年一月一日聽雨齋

讀徐遲抗戰時期的詩
——徐遲九十六周年誕辰紀念

作為詩人的徐遲（一九一四——一九九六），離開我們已有十四個年頭了，他是鄉前輩，今年十月十五日，是他九十六周年生辰。與他初識迄今近三十年。他的詩作、譯作、報告文學集以及自傳體《江南小鎮》，還插架我書櫥顯眼處，時可翻閱。想起那年正值全國文代會期間，他忽離我們而去，心中扼腕，其一生猶如一部未完成之傑作，永可讀之，引我綿綿的思念。特別是，在他鍾情的江南小鎮一走，真有「欲折一枝寄相憶，隔江殘笛雨瀟瀟」之意，那夢魂縈繞之感由然而生。他的《哥德巴赫猜想》聞名於世，如今，人們只知他是一個報告文學家，其實，他還是一個純粹的詩人。

最近，《海上文學百家文庫》出版，作為編輯之一的陳子善教授，說到：「我們這一次編選，把各種風格、傾向和流派，基本上都兼顧了。具體到作家個人，比如徐遲，他在一九四九年後寫了很多報告文學，影響不小，但是他在三四十年代，其實是「新感覺派」詩人。」這話評說中肯。徐遲，於二十世紀三十年代中期登上中國文壇，那時他只有二十歲，發表了意象派的詩，出版過意識流小說，也寫過許多動人的情歌，是戴望舒、施蟄存為首的「現代派」中的一員。若以一九一三年為界，徐遲早期詩作，受西方現代派文學影響，作品重意象，詩味朦朧幽邃；如他的《二十歲人》詩集中，就有「都會的滿月」一詩：「寫著羅馬字的／ⅠⅡⅢⅣⅤⅥⅦⅧⅨⅩⅪⅫ／代表的十二個星／繞著一圈齒輪。」」，記得那詩最富詩意的幾句是：「短針一樣的人／長針一樣的影子／偶或望一望都會的滿月的表面。」又如「我及其他」一詩，「我，日益擴大了／我的風景／我！倒立在你虹色彩圈的ＩＲＩＳ上，／我是倒了過來的我。」這些詩句，主要「去暗示事物而不是清楚地陳述他們」（見威爾遜《阿克兒的城堡》），足見其充溢著意象派的風格。

但是，隨著盧溝橋的槍聲，抗日救亡的吶喊，使詩人從迷茫中驚醒，血與火的戰爭，使他迅速走出自我。當時的徐遲，作為一個年輕詩人，於一九三八年五月，挈婦攜雛，離開故土南潯，離開孤島上海，來到香港。在香港，徐遲遇到了他追求光明與進步的引路人喬冠華。在喬冠華、袁水拍、郁風等人的幫助下，他又在一九四〇年初冬，來到陪都重慶。

近日，我整理書篋，無意間翻出了由孫望、常任俠編選的《現代中國詩選》，那是一本豎排的詩集，小三十二開本，暗紅色的封面，書裝平常簡潔。此集於一九四三年七月，由當時的南方印書館出版。翻開目錄，就有徐遲的二首長詩〈中國的故鄉〉和〈前方有了一個大勝利〉。以我所見新詩史料，從抗戰爆發至一九四九年，似只有孫望、常任俠所選《現代中國詩選》和孫望編的《戰前中國新詩選》。收在這冊《現代中國詩選》中的詩人，有艾青，袁水拍、厂民、常任俠、李廣田、力揚、賈芝、鄒荻帆、彭燕郊、冀方、賈子豪、汪銘竹等。當時，正值中國抗戰最艱苦最激烈之時，這冊厚三百零二頁的《現代中國詩選》，用的是黃色土紙，字跡已漫漶不清，恕我寡聞，出版社用這樣的紙，印出書來，似屬少見。由於當時全面抗戰，物流被日軍封鎖，陪都重慶，時作為大後方，足見其物質之匱乏。

詩集由常任俠先生寫了前言，他說，「這裡我選取了三十六個人的詩，有如三十六枝芬芳的花朵。雖然各有各的顏色，各有各的姿態，但都是美好的，可愛的。因為用著爭取自由平等而流的血，去澆溉培育的產品，所以顯得那麼燦爛，那麼壯健鮮明。一個新的社會，所需要的正是這樣的藝術，用這樣的裝飾，才能使新中國的土地，充實健康，用這樣的聲音，才能歌唱出新中國人民熱烈躍進的精神。我們新詩人的行列是綿長的眾多的，產生的作品也是豐富的，這裡只採擷這一點點，送給前進鬥爭的兄弟們，並為勝利祝福。」

時過七十年後的讀者，今日重讀，履痕著時代的烙印。如今，對詩人徐遲，我們只知他抗戰時，寫了〈在前方——不朽的一夜〉、〈太湖游擊隊〉等詩文，但對於〈中國的故鄉〉和〈前方有了一個大勝利〉這兩首長詩，所知甚少。其實，那時詩人的腳步，從蘭州、酒泉，到陝北，到天水，一路風塵撲撲地走來，其足跡直插蘇俄邊界。經過這幾年的磨礪和鍛鍊，詩人徐遲，成了一個心向共產黨的左翼文化人。

徐遲在〈中國的故鄉〉一詩中，起頭就說：「黃帝的子孫：／我們還記得嗎？／你們知道嗎？／中國的故鄉在那裡？／中國的故鄉在西北／我們的故鄉／文化的故鄉／在秦隴盆地／在陝西和甘肅。」詩人又說，「黃帝的子孫要回去，回到文化的搖籃，回去中國的故鄉。」因為，抗戰的大後方，那時在西北；且那裡資源豐富，可謂城頭底下有城，枕頭底下有金。詩人希望投奔大後方的人，不要過多懷有江南的鄉愁，他用滿腔的熱血，嘔歌大後方美麗的大自然，頌揚了西北的牧場、羊群、煤、鐵、石油等豐富的礦藏。詩人用細膩的筆觸，描繪了一幅幅「塞北江南」

的圖畫，呼喚眾志成城，以禦敵人、並取得最後的勝利。詩人呼出：「我們抗戰的根據地在那兒？／在西北，在中國的故鄉。／我們的反攻條件在那兒？／在西北，在中國的故鄉。／我們勝利的基礎在那兒？／在西北，在中國的故鄉。」

〈前方有了一個大勝利〉，也是一首長詩，徐遲抒道：「前方有了一個空前的大勝利，／後方有一個慰勞團派出來了。／……士兵們一堆一堆從戰壕裡出來，／……後方的大城市，／為這次勝利出了號外。」雖然這詩，在今日讀來有些口號化，但在當時戰爭年代，卻帶有強大的鼓動力：如，「一片青雲飄過來／在關隘上一座／鑼鼓大聲笑了／她們跳出最後勝利的大午蹈／到那一天，四萬萬五千萬人／都瘋狂地，這樣地、這樣地跳動著。」徐遲的這兩首長詩，讀來感人肺腑，讓人重溫了當年的抗戰風雲。

徐遲，十七歲開始寫詩，十八歲在《燕大月刊》上發表處女作〈開演之前〉，二十二歲出版了第一本集子《二十歲人》。詩人彭燕郊曾回憶了與徐遲在重慶和北京時的交往：「後來我也到了重慶，重慶的幾個詩人，徐遲、王亞平、臧雲遠、柳倩請我吃飯。徐遲還約我去咖啡店聊天。後來我到北京開會，他跟我住一個招待所，兩個人就聊了很多，聊得很好。徐遲是一個知識非常全面的詩人，很了不起。詩寫得好，散文寫得好，翻譯也很好，他譯的書不是普通的書，幾十萬字的《巴馬修道院》是他最先譯出來的，《托爾斯泰傳》，英國人莫德寫的，最權威的傳記，是他和另外一個人合譯的，都是大部頭的東西。他還非常懂音樂，年輕的時候，就出過兩本關於音樂的書。」

在重慶，有一次，在周恩來參加的晚會上，徐遲，當時僅是一個二十八歲的詩人，激情滿懷地朗誦了自己的詩作：〈持久、冷靜、堅強〉。這是一首關於堅持抗戰的詩。那是一九四二年的十二月七日，中華全國文藝界抗敵協會舉行茶話會，當時，茅盾、冰心、巴金、安娥、袁水拍等都參加了。這年的夏天，徐遲又來到歌樂山大天池附近一個名叫蒙子樹的村落裡，他閉門謝客，又作為一個學者，專心致志地撰寫詩歌論著《詩的誕生》，完成後，他還打算翻譯一部大書——荷馬史詩《伊利亞特》。這段時間，徐遲用「史綱」為筆名，發表了許多詩作。

今晚，窗外月色溶溶，明媚之月光，爬上我電腦的書桌上來，當我讀著這冊土黃紙印的《現代中國詩選》，不禁又想起我與徐遲的初識，那是上世紀八十年代初，他正和妻子陳松，暫住南潯小蓮莊，我去看他，夫婦迎面而來，在他臥室小坐片刻，便帶我往嘉業堂藏書樓旁的小河邊散步，記得邊走邊談的還是詩，雖然那時他已很少寫詩。但從文人氣質上講，他雖步入耄耋之年，可徐遲還是一個很現代的詩人，且是一個完美的追求者。正如同為詩人的邵燕祥所評：「徐遲是一位純粹的詩人，他的報告文學，也是當詩來寫的。『詩人』不僅是徐遲的第一個身分，也是最根本的身分。他的詩學轉型乃至人生選擇，都體現出了一個詩人的秉性和氣度。」此話說的極是。到了九十年代後，我和徐遲的接觸漸多，凡他回鄉，我總能當面向他請教詩學，還為他拍攝了許多可資紀念的照片。我請他寫書法，每次他都笑呵呵的，從不拒絕，從沒一點大詩人與報告文學家的架子，最後幾年冬天，我看到他穿起緞花棉襖的唐裝，身材高大的詩人，依然很美。

記得李劼先生，有一文〈山頂立和海底行〉，文中曾說「美往往處在巔峰之前，花盛則謝，光極則暗。」闡述了生命本源的意義，他說：「從某種終極意義上說，人生具有本然的修煉意味，只是有的人意識到了，有的人沒有意識到。但不管意識到的還是沒有意識到的，人生總不外乎呈現向上和向下這兩種生命狀態。」一如從某種人生意義上說，我們能否說徐遲向我們作別，就是生命和藝術在到達頂點之前，是追求美之極至時的一種特殊方式？在生命結束之際，他正是把自己的生命之本，獻給了他畢生追求的詩之韻美呢？抑或我們這些凡夫俗子，對一位純粹的詩人，他所追求的人生之美的困惑，是無法體驗的。

光陰荏苒，再有半月，就是詩人徐遲誕辰九十六周年了，特撰此小文，以對我們這位詩人的紀念。

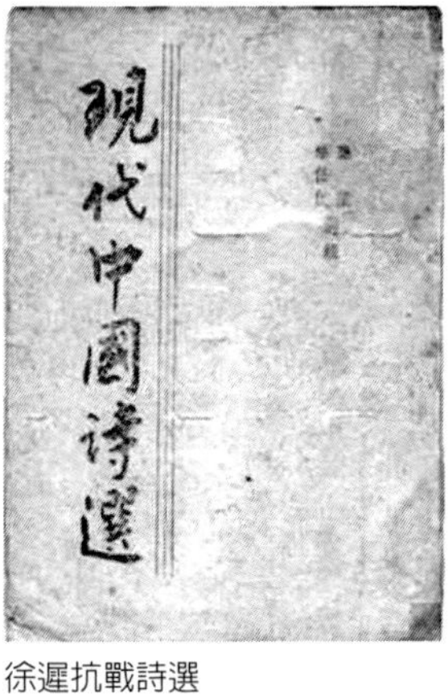

徐遲抗戰詩選

附錄

憶徐遲（章開沅）

我與徐遲相見甚晚，但並不恨晚。雖然我們都長期在武漢工作，但行業不搭界，又從未讀過他的作品，特別是他早期據說是非常現代派而又有些古怪的詩作。

直到讀《哥德巴赫猜想》，我才知道徐遲這兩個字聯在一起的分量。文學家有自己的內心世界、思維方式，科學家也有自己的內心世界、思維方式，即令是世界觀相同也有各自的風貌與內涵。徐遲寫的不是一般的科學家，是一流頂尖的數學家；涉及的也不是一般的科學課題，是多年極端難解的高深數學之謎。不是天才橫溢的大手筆，能寫出這樣的文章嗎？不是廢寢忘食嘔心瀝血，能夠寫出這樣千古絕唱式的美文嗎？那思想的深沉，那目光的犀利，那感情的奔放，那文章之如行雲流水、光彩照人……。我被徐遲征服了！

但我並無急於求見徐遲的衝動，因為我早已不再是愛衝動的年齡。何況我又太忙，社會總有分工，各人幹自己的本職工作，世界上有那麼多美好的事物，能看得完嗎？但我終於還是見了徐遲，那大約是在一九八五年，我當上華中師範大學校長之後。因為徐遲雖與我素不相識，但與華師中文系外國文學教研室的中青年教師卻合作已久。頗有影響的《外國文學研究》編輯部就設在中文系，徐遲是該刊並非掛名的主編。

有天，負責編輯部日常工作的周樂群對我說，徐遲想找我談談有關《外國文學研究》的想法。於是我們就在一個晚上前往他家拜訪。那時他早已離開紫陽路二一五號那個住了好多年的破舊小院，住進東湖邊為落實高級知識分子政策修建的新宿舍。他在簡樸的書房裡接待我們，沒有任何客套，開門就談《外國文學研究》應該如何如何。然後就海闊天空神聊起來，我原籍浙江吳興，與他算是小同鄉，加以我青年時代酷愛文學，所以可談的話題自然很多。他與我真是一見如故，氣味相投，所以交談沒有任何顧忌。記得第一次見面他就說：「你們歷史學界不注意文采，寫的東西讀不下去。」我也直言無隱地談了自己對於當代文學的一些看法。告別後，我認為他對現今史學論著的批評很中肯，常以此勸告中青年學者要注意文字的刻苦鍛鍊。

記不清是此後哪一年，中文系聘請他當客座教授。為表示特殊禮遇，由我偕同副校長王慶生（中國現當代文學教授）親自到他家送聘書。這次見面屬於禮儀性質，又有校部隨行人員攝影，所以沒有長談。他高高興興接過聘書併合照了幾張相，稍作敘談我們便告辭了。其後不久，周樂群又來找我，說徐遲夫人死了，他非常悲痛且感寂寞，想邀我作長夜談。我想無論作為校長還是作為朋友，都應該前往悼唁，便按約定時間驅車前往。當時湖北省領導為保證老人得到休息，同時也避免觸景生情，把他暫時安排在風景幽美的東湖賓館居住。這一夜我們又談了很久，但內容全記不得了。我平時雖愛說說笑笑，但最怕到死者家中安慰親屬，因為大家的心情都很悲傷，實在找不到適當言詞來化解這無限沉重的哀痛。幸好徐遲倒相當豁達，主動說古道今、海闊天空地聊起來。我也搜索枯腸不斷引發新的話題。記得張謇日記上有句話：「夜談甚苦」，沒話說而偏偏找話說確實辛苦，而徐遲則是企圖以苦化哀，暫時抑制愛妻離去的悲痛，我們兩人的心情都很低沉。

以後我們很少有機會見面。只是有一次電視臺邀請若干文教界知名人士看日本電視片展覽，我們都參加了。那天看的片子叫《初冬》，講的是一個退休老人想在最後訣別人世之前享受一下人生，在旅行途中所經歷的一些故事，雖無離奇情節，卻很真摯感人，特別是對老年孤獨感刻劃得淋漓盡致。我與徐遲都認為是一部成功之作，但徐遲卻鄭重地對我說：「我們的感受可能並不相同，你如過了七十歲再看，就有新的體會了。」這就是我們最後一次見面，不久我應邀赴美講學，在海外前後工作四年多，很少得到徐遲的消息。

回國後得知徐遲身體健旺，很早便學會用電腦寫作，而且還與一位頗有才華的女作家結婚，我在內心很為他高興。但不久又聽說新家庭已經破裂，徐遲仍然寫作甚勤，將有大著作問世云云，我只能在內心為他祝福。那年年底，就在全國文代會召開的前幾天，路上忽然有熟人走過來悄悄告訴我：徐遲死了，是從同濟醫院高幹病房跳樓自殺的。我為之愕然，幾乎不相信自己的耳朵，這樣執著文學而充滿生命活力的老人怎麼會自殺？但不久就通知我以個人名義送花圈，卻不知為什麼又不通知我參加追悼會或向遺體告別，也許是尊重死者遺願取消這些世俗禮儀吧！其實我倒是想與老人再見一面，儘管已經天人隔絕。

徐遲的自殺是一個謎，誰也無從解開這個謎。他自己這樣迅速而又默默離去，也不想說明任何原因。瞭解情況較多者認為是過於孤獨，這使我又想起日本電視片《初冬》，想起徐遲當時那句意味深長的話，老年孤獨確實是悲哀的，甚至是可怕的，但除孤獨以外是否還有其他原因呢？

我仍然未能化解自己的困惑。

過去習慣認為自殺是怯懦的表現，甚至是對革命事業的背叛，往往在自殺者死後還要加以批判。但徐遲的死使我對自殺增添了新的理解，自殺與怯懦之間並非是簡單的等號。對於某些文學家、藝術家來說，自殺甚至是對命運與死神的挑戰，當然也包括對世俗不合理事物的抗議。他們不是消極地逃避或等待死亡，而是自己決定在什麼時間，什麼地點，並用什麼方式斷然走向死亡。這豈不是堅強意志的另一種表現？或許也可以看作是看透人生的另一種超越，最後一次超越。試問那些只知人云亦云地批判自殺為怯懦的人，你們除了批判死人的勇氣以外是否還有更為值得他人尊重的勇氣？死者已矣，死者無言，把各種各樣髒水潑在毫無自衛能力的死者身上，這才是最大的怯懦。

話又說回來，如果是一般人自殺，頂多只能作為普通社會新聞見諸報端，而除家屬外大多是不甚加以注意的。但作為文學家、藝術家自殺，則難免會引發形形色色的遐想。記得讀中學時曾練習用古文寫李白小傳，結尾一句是：「或曰白酒醉投江撈月而死，豈白之死亦須求一富有詩意之死歟！」不料這稚拙的文筆竟贏得語文老師的青睞，不僅用紅筆又圈又點，還批上「天才橫溢，出手不凡」之類通常罕見的評語。李白的自殺，事隔一千多年，尚且能夠誘發一個鄉間中學生的美麗想像，何況自殺於今日盛世之徐遲乎？我想這必然會給當代文學史研究者提出新的課題，並期待著比較合理而又貼切的解讀，也許有朝一日將有如同《哥德巴赫猜想》那樣的佳作流傳千古。

枯葉蝶（懷徐遲）

白樺

我們在春城的海棠花叢中相識，我們的交往長於半個世紀；我們常常竟日無言相對，因為我們像一對綠葉那樣默契。

分別，重逢，再分別，當然我們還會再重逢，這毫無疑義。時間、空間都不能阻隔我們，連生死都不是詩人之間的藩籬。

你在晚年時曾經對我說：老弟！

我有一個苦惱了我多年的問題：既然我們都有一雙翅膀，為什麼要裝作枯葉蝶，自我封閉？

為什麼不展開五彩的翅膀，自由地飛翔，吻遍大地；即使被傷害，怕什麼？飛翔的的種族一定會生生不息。

我們的翅膀本來就光彩奪目，每一面都無比豔麗；我多麼希望自然界的一切全都能展現本真的自己。

我沒有回答他，因為他不單是在提出問題；實際上他已經有了完整的答案，他比所有人看得都要清晰。

徐遲在家中電腦前寫作

後來他把這些思緒寫成一篇散文，告訴更多比我還要年輕的老弟；許多老弟都能倒背如流，交口稱讚文章的深刻寓意。

遺憾的是有人卻忽略了，自己也有翅膀，而且也很美麗；忽略了徐遲最後的展翅飛翔，向蔚藍長空的奮起一擊。

我立即想起詩人李白他為了撲捉月亮縱身躍入水底；擁抱著滿懷月光進入了永恆，是癡？是夢？是醉？是謎？

也許人們很難理解，把壯舉當做絕望而為之扼腕歎息。我聽見李白和徐遲的回答：這才是實實在在的、本真的、我自己。

我們在春城的海棠花叢中相識，我們的交往長於半個世紀；我們常常竟日無言相對，因為我們像一對綠葉那樣默契。

分別，重逢，再分別，當然我們還會再重逢，這毫無疑義。時間、空間都不能阻隔我們，連生死都不是詩人之間的藩籬。

徐遲談話錄（李牧）

第一次談話

時間：一九八九年三月三十日

地點：武昌東湖路二十號徐遲書房

一九八九年我從西藏回來，路經武昌，開會間有一點空，便去水果湖所謂「高知樓」看望徐遲老師。前後二次，共談約三個小時。談的話題，事前我作了準備，談話時未記錄，回賓館後即追記下來。

是日，去東湖邊徐遲家，按電鈴後徐音（徐遲三女兒）出來開門。我說是南潯來的，過一會，徐遲迎出。他已七十三歲了，步履有些蹣跚，耳背，靠助聽器，但精神很好，他很高興有故鄉的學生來看他。

那天他穿一件紅格棋布上衣，灰白髮，很瀟灑。在他凝神聽我說時，目光依然是老師對學生那種樣子。

徐遲的書齋，滿壁是書櫥，書櫥上掛有畫家郁風書寫的徐遲「都樂洞記」橫卷。郁風是郁達夫的姪女兒，她是徐遲年輕時介於友與愛之間的異性朋友。

徐遲：到書房坐……喝點茶，今天我們用外國人吃法來吃。（南潯人把喝茶叫吃茶。我驚奇他南潯話竟如此道地。他沏了紅茶，是否放糖我忘了，他拿出一枚檸檬，在二人的杯子裡各斟上茶後，便削下一片來放在裡面）味道如何？

李牧：好極了。

徐遲：我也幾年沒有這樣喝了。（他大約很得意他的「檸檬紅茶」，連呼徐音出來喝一杯，嚐嚐。）

李牧：上海《新民晚報》的李中原先生是不是南潯人？

徐遲：不是，不是南潯人。「殺頭和尚」登了沒有？

李牧：登了，《新民晚報》登了，後來《文薈》上也轉載了。（「殺頭和尚傳奇」是我寫的一篇紀實散文，徐遲把它推薦給《新民晚報》）

徐遲：噢！呀喲，這篇文章本來可以收進××紀念集中去的，原稿我找不到了。

李牧：還給了我六十元稿費，那時的六十元，蠻不錯了。

徐遲：（徐遲笑起來）是不錯了。今年五月一日我要到南潯去一次，先到上海，辦點事，再去南潯住一天，就飛回武漢。這一天是南潯解放的一天。（我沒有問下去，南潯解放，他是參與的當事人，有很深感情上的回憶。）

徐遲：造了個游泳池。（指南潯「徐一冰游泳池」，徐一冰是徐遲父親，中國第一代體育教學開拓者）

李牧：我知道，沒有進去看過。（由寫作談到我現在的工作，）

李牧：領導也不好當，但不當領導就不會有機會到武漢來看你了。

徐遲：你在研究什麼？

李牧：麻風病，聽了很可怕似的。這次我是來開個業務會議，為三月北京開全國會議作準備。最近我在寫個長篇，預計寫三十萬字。已寫了十五萬字，浙江文藝出版社有意出版，摧我趕快寫完，不過現在很忙，就沒有時間寫下去了。

什麼題材？

李牧：《莊廷鑨》，我們南潯的文字獄。

徐遲：好啊！這個題材選得好。

李牧：為了寫「絞刑」如何絞法，還寫信問過周子美先生（曾是南潯藏書樓開創時編輯版本目錄的學者），但他也不了然了。

徐遲：喔！他還在，不是到外國去了嗎？

李牧：沒有，他一直在華東師範大學當教授。

徐遲：李大釗是絞死的，他死的地方我去看過。

李牧：不過，清朝的絞法肯定和民國時的絞法不同了。

徐遲：這不要緊，演戲從來不能演真殺頭的；小說也不用具體寫如何殺法，過去演《劉胡蘭》，扛出一把真鍘刀，把劉胡蘭放進去，又來個假殺。血淋淋的很尷尬。（絞刑）可以寫周圍一些人的反應來描寫。比如拍照，因房間限制，這個角度無法拍，可以換一個角度來拍。（他一邊比劃著指指自己的房間）

李牧：我已寫了十五萬字，計畫寫三十萬字。我想寫這一段歷史，我的立意是當時出現這樣的文字獄是歷史的必然，不能一切都推在出現了一個吳之榮（告密者）上面，沒有這個吳之榮的話，也會出現第二個，第三個孫之榮、趙之榮來。（徐點點頭表示同意）

李牧：老師，上次在報上看到你在寫《江南小鎮》，出版了嗎？

徐遲：這不，我正在寫；現在我已不看報，不看電視。已寫了十萬字，計畫寫到解放為止，解放後就不好寫了。三十萬字。最近我搞了個小電腦，果然很快就出來了。（他去書桌上取出用尼龍袋裝好的電腦列印稿小樣來讓我看）不靠電腦不行，我修改得很利害，光靠自己抄來不及了。（他已感到自己的年事已高。談到自己的身體，說生過疝氣，開過刀，最近又發了，因我是醫生，就問我有何辦法。又說前列腺也開過刀，現在到北京也不行了，身上起紅點，奇癢，有什麼辦法？那是一種過敏，我寫了點藥名給他。他不看電視不看報，幾乎把自己隔離起來了，我接著問）

李牧：這次人大開得很平淡。千家駒先生連會也沒有去開了，去年他發言三十分鐘，鼓掌三十一次，這次，他說請假了……

徐遲：唉，這種會，真叫受罪。我去開過二次，一次我開到第三天便搬了個旅館，顧自寫文章了。

李牧：杭州現在正是桃紅柳綠的好時光，可惜人太擠了，燒香的人特別多。現在燒香不再是老年農民了，年輕人也多得很。

徐遲：信仰危機。（在談話中，有人來敲門，徐出去說：家中有客人，半小時後再來。這時我看看表，半小時到了，便起身告辭。他給了我他家新的電話號碼。我說方便的話，電話聯繫了再來看他。臨走時他送我一本報告文學集《結晶》，並在扉頁上簽了名。這書是一九八四年出版的，印數一萬兩千冊，算是多了。李牧記於武漢華中電力局招待所七一一房）

四天後第二次談話

李牧：姚雪垠先生的《李自成》寫完了沒有，怎麼不見出版？

徐遲：寫不下去了。（沉吟）書還是不寫完的好，《紅樓夢》不就沒寫完嗎？

李牧：他怎麼要與劉再復打關司了呢？（指劉再復寫文章，評論姚雪垠《李自成》書中的李自成是寫失敗了，是個「高大全」式人物，姚因此揚言要和劉對簿公堂）

徐遲：他也糊塗了，文章寫出了，也要容人家評，怎麼好打關司呢；魏明倫一篇文章就把他打（駁）到了。南潯人說：「鴨屎臭」。現在人家不理他了。

李牧：姚雪垠先生最初的文章是登在《紅旗》上的，一開始就把人家（劉再復）放在被告席上……

徐遲：他還是想向上爬，××想當國務院總理，他想到全國文聯當主席，或者文化部做什麼（語氣上他對姚很不屑）

李牧：老師為什麼當初不回浙江而到湖北來了？

徐遲：想回去的，手續都辦好了，譚啟龍批了條子，房子也準備造了，但湖北不肯放，可惡……

李牧：這情況我知道，你在文章裡寫過，我說當初你離開北京《詩刊》編輯部（副主編），出來後怎麼會到湖北來的？

徐遲：我去三峽工程了，作家下生活，編制掛在「長江流域規劃辦公室」。就和水利工程打交道了。

李牧：噢，你離開蘇州，在蘇州大學畢業是那一年？

徐遲：沒畢業。（他算了算時間）那年十九歲。（他沉默了一會）我去過美洲，也去過歐洲，現在身體不好，什麼地方也不想去了。只想在望得見太湖的地方造座房子，地點也想好了，或是雲巢，或是道場山。

李牧：太高了，怕不方便。

徐遲：不出來了，老死在那裡了。（這話我聽來總有一點傷感味道）我這一百年不知是怎麼過來的，以後怎麼樣，現在要從新認識走過來的一世，要重新再認識。以後呢？現在的人，說你好，好得不得了；說壞，就壞得不得了。人腦亂七八糟，要是電腦就又嚴密又敏捷。

李牧：以後總會好起來，人總是在走向文明的。

徐遲：我要是在五四年死了就好了，那時還充滿了憧憬。（我聽了很吃驚）中國不知那一天才能把那些檔案袋統統燒光了。我麼，今年五月份要到南潯去一次，但「小腸氣」常發，平躺著會縮回去，所以南潯決定不去了，去了一定往醫院。在家裡很安靜，只有我和小女兒二個人。白天她上班去了，一到南潯就不得了……（他又談起自己的病，我為他作了一些治療設想，鼓勵他在天未熱時去開刀）

徐遲：我也決心去開刀了，天熱到不要緊，有高幹病房。

李牧：武漢為什麼這麼熱？

徐遲：地勢低，二江會合的地方，地勢都低，所以熱。我裝了個空調，就怕仃電，仃了電電風扇現在又沒了。

李牧：仃了電，有電風扇不一樣動不來了。

徐遲：（他笑了）是，有了也沒有用。以後天氣還要熱，是臭氧層被破壞了。

李牧：你往在東湖邊上總好一些吧！

徐遲：好一些，比漢口要低二度。

李牧：（談起人口問題，我說）毛澤東的一句話，批了馬寅初，中國人口就再也翻不了身。十一億人口的基數，還了得。現在到處是人，杭州西湖，一點幽靜都沒有了……

徐遲：他（指毛）也有犯錯誤的一面，搞人民民主專政，到後來專政了人民，不得了。歐洲文明程度高，就自然不會多生孩子。

李牧：（他書房掛的一幅抽象派畫，我問）這幅畫是誰畫的？

徐遲：一個法國畫家送的，看得懂嗎？

李牧：抽象派，挺舒服。

徐遲：沒有具體的東西，但內容又很多，（他去書架上抽出一本畫冊來給我看）就是他畫的。（畫冊扉頁上有「徐遲兄嫂留念」字樣，簽名是用外文的。現在想來是趙無極的畫。畫冊印刷精美，翻到一幅似黃賓虹的山水畫，二人幾乎同時說起來）抽象了的中國山水技法。

徐遲：我在寫一本南潯的書，（他又把《江南小鎮》的電腦打字稿拿出來讓我看，是第六、第七、第八、第九四章，這稿子前回他已拿出來過了，可見他對自己在作家中第一個使用電腦寫作很滿意。）是自傳體，八年為一個段落。已寫到××歲。我改得很多，現在有了電腦，打出來多清晰。手抄起來又慢又不清爽。

李牧：你一天能寫多少字？

徐遲：不一定。

李牧：我們在等著看你這本書了。

徐遲：看不到，最近還寫不好，也還要反復改……我也不留你吃飯了。

李牧：不客氣，能這樣見面談談就很高興了。

徐遲：（他送我到門口）一年最少通一二次信！

李牧：好的，留步，再見！

一九九七年夏，我給徐遲先生寫了一封信，主要是談人的「死」，信稿寫好，忽然想起徐師已是八十多歲的人了，與老人談死似乎不太合適，於是信便壓在抽屜裡沒寄出去。不久，一個朋友在極深的夜中，給我打來電話說：「徐遲跳樓自殺了」。時正是在開全國文代會期間。於是我額慶未曾把這封信寄出去。後來報上非常熱鬧了，對自殺之原因尤多推測。

徐遲的自殺，是他久存的一個念頭，原因複雜，精心設計。但「自殺」而且「跳樓」，大家很難理解。然而，人生在世，好比在戲臺上唱、做、念、打。唱得好，死便是最後精彩的大軸戲。出生是自己無法做主的事，如何選擇死，看上起好像不成問題，但我們都不要自己「做主」，願意「惡活」到最後一口氣。徐先生並不，他是作家，自然懂得文章作法。一篇好文章在它該作結的地方，就不會再添幾句多餘的話，那是敗筆。我相信他是在認為最圓滿的時候，為自己寫完了最後一個句號。

重讀我與他的談話，他在不經意間流露對生與死的看法，似有深意存焉。把談話內容整理並輸入電腦，為之記。

二〇〇〇年四月二十七日

南懷瑾：只合穿雲放眼看

南懷瑾是仁者、思者，是一位「經論三大教，出入百家言」的風雲人物，這樣的談笑風生的壽者，也終離我們而去，其音容笑貌，猶在眼前，難道人生一瞬真就如此乎。記得我與南先生神交，應歸功於當時復旦大學出版社出版他的系列著作，是一九九七年到新世紀之初這個時間段。出版社賀聖遂、陳麥青、孫晶，他們出版了南懷瑾的書，就寄與我讀。如《孟子旁通》、《論語別裁》、《易經雜說》、《南懷瑾的理念》等。由於我也寫過一本有關《易經》的書，就格外看重他的《易經雜說》，我把此書豎看橫讀，並與拙作對照著讀，以吸取他老對《易經》的真知灼見，充我之不足。比如，他書中說：「《易經》不像別的書本，聽過了就算了。講下去有一個系統，假使中間缺了一節，以後就接不上了。還有學《易經》，其中的注解，有的是不對的，不能看的，尤其宋朝朱熹注的《易經》，也許比我高明，可是他一輩子也沒有讀通，如參考他的，就完全走錯了路。」還說，「宋朝以後的《易經》注解，多數是走物理的路線，就是用儒家的學術思想來解釋《易經》，而我們手邊的這本《易經》，過去叫作監本，就是明朝以後的國子監，近乎現代的國立大學的課本而已。這個監本是明朝那些儒家採用了朱熹的思想編的。明清以來，我們的文化講孔孟，大部分都傾向於朱熹的思想。」

讀了南的《易經雜說》後，他的講經，雖與我取向不同，但義理相通。南先生講《易經》，其實是在講一部中國文化史，也在講《老子他說》與《孟子旁通》的經典，他能把心中所認知的儒、釋、道三者的文化學術思想，融一貫通，向大家闡釋。

他認為《易》的象與數，是科學的，沒有辦法講歪的，就非要學會它的規矩、法則，才能懂得《易經》。千古以來，有關《易經》諸書不計其數，但沒人能把規矩說清楚，乃至老師都說不清楚。他說，「在抗戰時期，有一位留美學科學的四川朋友，對象數很有研究，卻不肯隨便教人，所以對象數我們要特別注意。」南先生的話有道理，如我曾請教過復旦大學的蔡尚思教授，他於上世紀三十年代就撰《周易哲學》一書，晚年他對我說，看了一百多部各類《易經》的書，還是不甚了了。得出的結論，乃因各人看《易經》，眼光都有差異，有不同的時代化、學派化。而正反之間，也未能展開平等的爭鳴，難免陳陳相因。的確，對易經的研究，總隨時代之變遷，讀者的代換，總會產生不同的思想看法。

那麼，南懷瑾究是怎樣的一個人？他為海峽兩岸所做的善事、仁義，也無法細數，我想還是讓他老自己回答，他說，「我對於各黨各派都是朋友，到現在八九十歲，原來大家懷疑我是這一派那一黨，我的頭上戴的各種帽子頭銜多得不得了，結果我到今天，始終還是作一個隱士。」的確如此，南懷瑾，一九一八年出生於浙江樂清，他的漫長一生，為學、投筆從戎，躍馬西南，籌邊屯墾，潛心佛典，在多所大學當教授，創辦文化事業，不辭勞瘁，不避譏嫌。他還在浙江創建了金溫鐵路，還是個受人尊敬的「兩岸調人」，他為開創如今海峽兩岸的新局面，作了貢獻。他

南懷瑾

素有國學大師、禪學大師、臺灣十大最有影響的人物，種種稱譽，響絕國內外，蓋一代之材也。

時代造就他的一切事業，可謂不勝枚舉。他曾有一詩云：「徒負虛名去住難，謀身謀國兩無安。此生猶似巢空鳥，只合穿雲放眼看。」確實，他像閒雲野鶴，也如陶菊林梅，有時猶「醉歸托宿吳專諸」，有時像「閉關謝塵網，我意嫌消極。」的弘一法師。有時是「一個俗人，做出來的名士。」但更是「一位非常慈祥的老人，也是位風趣幽默健談的學者。」你看，時年八十三歲的南懷瑾，為實現平生的「濃縮東西精華，傳播國學文化」的心願，不顧年邁之軀，來到太湖之濱，開始在七都廟港創建太湖大學堂。二〇〇六年，太湖大學堂建成，占地兩百八十畝。二〇〇六年七月，八十九歲的他，親為學生首次開講。此後，南懷瑾一直定居於此，「六年來南懷瑾先生五十次公開授課，還親自給學生們開出書單。」

可令人哀傷的是，二〇一二年九月二十九日下午四時，他突患感冒併發肺炎，終在大學堂與世長辭，享年九十五歲。我想，如今，他已實現了葉落歸根，回歸仙逝的夙願。這不正應了澳門商界領袖馬萬祺給他的詩：「平生著述珍中外，穩坐漁船放眼看。」我們的南懷瑾先生，現不正揣一點兒禪心，穩坐於太湖之濱的漁船上，放眼看世界嗎。

章克標：一個曾惹怒魯迅的人

一

幾年前就想寫一點「章克標」的文字，但那時正是「百歲老人徵婚」熱的高潮期，中央台，浙江台以及各報刊媒體為此炒得沸沸揚揚，各類記者，帶著各種不同的觀點，來評說章克標這位世紀老人，而他也帶著二十世紀這百年之中，所經歷的坎坷磨難後的超然姿態，無不處處發出調侃。老人的幽默和世人的哄炒，真令人啼笑皆非。幾年來，在收到嘉興秀州書局簡訊或讀到章克標寫的文章，在那字裡行間，總嫋嫋飄起這位百歲老人的身影。他已是一〇二歲的老人，近日，突然要隨他年輕的新婚夫人林青，千里迢迢奔赴湖北保康這個荒蕪的山坳裡去生活，我聽了這消息後，一種莫名的憂慮，就升上心頭，因為中國的文學界還沒聽到一百多歲的老人，還到處飄蕩。

章克標自己曾對我說，他十九歲去日本，在日本留學六年，他雖是學數學的，但和郭沫若，郁達夫，林語堂，夏衍等中國文壇一些名人高手，在日本交往甚密。他還精通日，德，英，法等國文字。自一九二五年從日本回國至一九五七年，有三十二年之久，在上海這個十里洋場上做自由撰稿人，出版家和編輯。

那天，我和我的朋友專程去拜訪他時，他正在為深圳一家出版社寫自傳體隨筆《世紀揮手》。到他海寧的家後，當我們通過一間小小的廚房，再走進章克標亂的書房兼臥室時，迎來的，卻並非是我們想像中的大作家和中外文化構通的穿著西裝革履的人，他卻是一個微矮稍胖，平頭白髮中有少量黑髮，說著海寧土話，皮肉白嫩，近似鄉下的土老頭。但是能有機會與一個曾經見過魯迅，爾後和魯迅發生過誤會，日後又沒有機會向魯迅當面解釋的老人，能無拘束地和他促膝長談，應該算是一件有幸的事。但秒在那一瞬間，我又想，這老頭這一百年的生活，他是怎樣歷經艱辛地走過來的。

談話自然要說到魯迅與他的關係。我們和他談到了魯迅在《淮風月談》上那篇〈登龍術拾遺〉的文章，那文章是專講了章克標先生的，那已是七十年以前的事了。而今七十年以後，我們不好意思地又問他：「今日，許多書上都說魯迅罵過你，是有這回事嗎？……」畢竟人已過百歲，沒有了一點火氣，他十分坦然並笑滋滋地用嘉興加海寧土話，回答了我們：「說到魯迅罵過我，他是衝著我的《文壇登龍術》一書而來的，其實他罵的是我的朋友——邵洵美。邵是「唯美派」詩人，那時我喜歡和『唯美派』這些人聚在一起，我和邵洵美一起編過《人言》週刊。我把魯迅用日文寫的登在日本《改造》雜誌上的《談監獄》一節譯了過來，刊在一九三四年三月的《人言》雜誌上。可邵洵美又在我的這篇譯文後，加了一段不恰當的『注』。附注說「魯迅先生的文章，最近是在查禁之列，此文譯自日文，當可逃避軍事裁判……」，這一注文，大大觸怒了魯迅，他當作也是我寫的，於是我就被叫做幫閒專家，而且認為「提出軍事裁判是極高的手筆，其中含有甚深的殺機，並且見到了豪家兒的鷹犬，向權門投靠之輩，是怎樣的陰險了。」魯迅閱後，以為這段「注」是我寫的。便罵我是「邵家的幫閒專家」。後來魯迅又寫信給鄭振鐸，說我「為人惡劣」。

又過了一年，魯迅死了，「真所謂死無對證，這件事在文壇上已經講也講不清了，至今，我還能向誰去講清呢？……。」

二

雖然，這段三十年代的文壇公案，使章克標先生非常不愉快，文革中也加重了他的罪孽，但他還是不無幽默地向我們談起許多文壇軼事。「你見過魯迅先生嗎？」他仍笑滋滋地回答說：「我和魯迅見過二次面。一次是在內山書店，碰巧碰到，因我見過他的照片，認了出來，可他未注意到我。另一次，是曾為魯迅畫過像的陶元慶先生領我去的，到了魯迅家，正巧他家裡有客人，經陶介紹了一下，大家點了點頭，可魯迅他抽不出身來和我談話，仍和原來在他家裡的客人談話，所以，這次也沒有很好談什麼事。」

章克標在和我們的談話中時有對「唯美派」文學的讚美，但對在當時的狀況下一味傾向「唯美」也有些自愧。他老人心中不會忘記，中國當時的三十年代，正處於苦難深重的民族矛盾時期，日寇的屠刀已沾滿了國人的鮮血，而唯美派詩人們的自作多情，實在是和時代格格不入，哪有不令魯迅先生憤慨呢？「這好比送戰士上戰場，風蕭蕭兮易水寒，你非但不吶喊幾聲，卻在他們耳旁輕聲細語讀「情詩」，實在是不協調之音，魯迅的憤慨也不言而喻了。」

當然，從現代文學史上看，唯美派是一個文學流派，文革中那頂「邵家幫閒專家」的帽子，使章克標在海寧鄉下，幾喪老命，吃足苦頭。章克標在三十年代，若沒有魯迅的那篇借題發揮的《登龍術拾遺》，他在文壇上也許就默默無聞，但由於和三十年代有名的唯美派詩人邵洵美聯繫起來，魯迅罵邵洵美的同時，章也被罵了，如果那譏刺魯迅的「注」確不是章克標所寫，那實在使這位老人代人受過了七八十年，豈不冤哉枉哉。他說：「解放以來的各次運動中，我都被認為反對魯迅，特別是『文化大革命』中，成了極大的罪狀，受到了不同尋常的懲罰。這完全是出乎我意料。我同魯迅認識，實在的也只一面，那日也沒講話什麼的。既沒有當場面紅耳赤地吵過架，也沒有針鋒相對地打過筆戰，反對魯迅的說法，不知從何而來？」

從談話中，這位百歲老人，已把逝去的歲月看成過眼雲煙，但他還總認為魯迅對人太苛刻了些，但他認為對自己在日後那些不堪的遭遇，確實與早已死去的魯迅本人，是毫無關係的。

快近二〇〇〇年的歲末，已是庚辰農曆小雪季節了，忽聽嘉興范笑我說，章先生和他新婚不久的五十多歲的東北女子劉桂馥（而章卻給她另取名為「林青」，意為「拎得清」）即刻要離開家鄉海甯峽石，去湖北保康一個山區農場，我們又光臨他老的敝舍。雖已三四年未見面了，但出現在我們面前的，依然是一個能喝善飲，步履輕捷，每天還能吃雞腿喝牛奶，思維反應靈敏，充滿機智幽默，這從我和他的談話便可略知一二：

我問：記得幾年前我們來看你，你身體不錯，隔了三四年你已經百歲多了，如今看你身體卻越來越好了。

他卻笑對我說：我想建議你把這「好」字，改成「年輕」。因為，我身子是越來越年輕了。

「這樣說，章先生是逢到了生命的春天了」我對他說道。

他卻道出了新意，說：「我的生命是從百歲不老開始轉向青春的。」這樣的機巧，已使我無話可說。於是，我略帶調侃地對這位老人不敬起來，說：「那麼你真像你的學生金庸寫的武俠小說中的『老頑童了』！」

他卻對我回道：「我活著，還比較不夠頑！」這回話，使我哭笑不得。

我索興用文革語言對他說：「如果你還那麼頑固不化，我們應該打倒你嗎？」

章克標的回答更幽默，且帶有挑戰性：「應該被打倒，但怕打不倒，不是嗎？因為，我早已倒在地上了！」

說這句話的時候，他的新婚女子林青，正好走過來靠在他的籐椅傍，我指著林女士說：「章先生，現在你身邊還有美麗的林姑娘了，你已經不肯隨便倒下了吧？」

他的回答卻又是另一番情景，他說：「不是嗎，她現在也倒下來了！」這句回話，我真莫名其妙，其所指，她和他結婚後，被人說閒話說得要倒下了呢？還是說嫁雞隨雞，她也是倒下的人？還是指婦隨夫唱也應該一同倒下嗎？這就不得而知了。

我隨即轉到生命問題上來，我問他：「一個人活了一百多年，一個世紀多了，什麼都經歷過了，這樣的生命是長了呢，還是「人生苦短」呢？

他的回答，似乎也很得體和辯證：「不長呵，可也不短了，這樣的生命倒合乎孔夫子的「中庸之道」呢？

我有些奇怪，他的回話，是牽涉到了二十世紀中國知識分子要做什麼？是要立功，還是立德，抑或是立言呢？從章克標先生對生命只要合乎孔夫子的「中庸之道」便算不錯了，壽命也長了，抑或是「中庸」和「樂天」使這位知識分子活過了一個多世紀呢。

後來，我們的談話，牽扯到生活的美滿和愛情問題上來，也許和百歲老人說「愛情」有些滑稽，但他是一個文學家，一定還有愛情，留存於心靈深處。我問他道：「你最近喜結良緣，你是三十年代文學家，而且是傾向於『唯美派』文學的，你如今的生活有愛情嗎？生活美滿嗎？」

他毫不思考便回答了愛情與生活的關係，他說：「我現在沒有愛情，但不愛情也要生活，生活也可以不要愛情，而只要人情……」。

人間溫暖是真情。章克標先生，已垂垂老也，如今他生活要靠林青來餵養他，他也只能一反其傳統，只能「婦唱夫隨」了，不日他便要離開鄉土，去一個他陌生的山坳農場裡過上另一種生活。

可當我寫這篇文時，他已從遙遠的山區處來信，他說，在山坳裡生活，同樣有樂趣。這裡空氣清新，上午看看書，下午搓麻將，不管別人怎麼看，怎麼說，我生我在。

我想，這與許便是一個上世紀三十年代留下的一位老作家，在他活過了一個世紀之後，唯一能選擇的生活吧。但願他長壽康健。

作者與章克標合影

作者在海寧與章克標對談

鄧雲鄉：布被秋霄夢覺

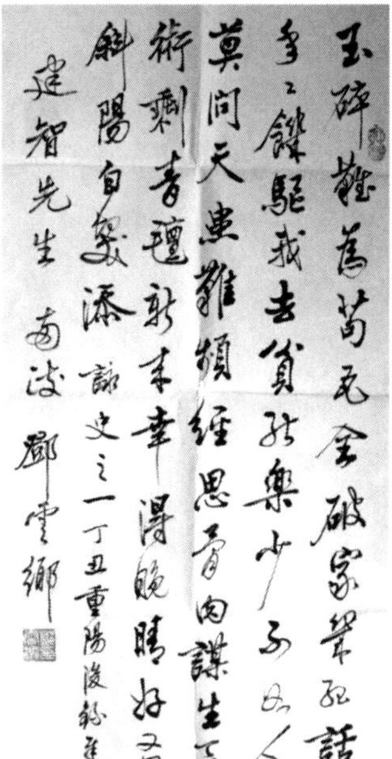

一九九七年鄧雲鄉為作者寫的書法

一

我與鄧雲鄉老之神交和相識也有二十年，只知道他是從北京來上海定居的。之後，從談說間，才知他「是山西東北角與河北淶源、阜平交界的靈邱縣東河南山鎮人，十歲到了北京，二十九歲又來江南，先在蘇州、南京，最後到上海，一晃近五十多年過去了。」這是他親自告知我的，不無感慨。為此，鄧老曾用辛棄疾詞，調侃道：「平生塞北江南，歸來華髮蒼顏。布被秋霄夢覺，眼前萬里江山。」還說，「雖千古豪情，無法與之相比。而我生活的蹤跡，也似與之近似。」看來，他青少年時，定胸懷凌雲壯志，一如辛棄疾般的人，欲做大事。但他生不逢時，到處奔沒，只做了個教師匠，直至一九九三年，從上海電力學院退休。

可自幼受中國傳統文化薰陶，具有深厚文史功底。學識淵博，善於思考，勤於撰述。退休後，以其親身經歷的事件，寫與他有涉的人或事，描繪出與時代生活相關的經濟、文化、民俗之變化，或以明清以來文人文事，鉤沉探究眾說紛紜的歷史文化，潛心著書。他自己曾說浪費了大好時光三十年，直至退休後，勤力遂追，用心寫作，著作甚豐。出版有：《燕山鄉土記》、《北京的風土》、《紅樓風俗譚》、《北京四合院》、《清代八股文》。還有散文集：《書情舊夢》、《秋水湖山》、《花鳥蟲魚》、《吾家祖屋》。當然，鄧老還是當代紅學大家，如若借用「朦朧之中似乎胎孕著一個如花的笑」，那麼，對於他心中之紅樓夢，彷彿就是「朦朧之中似乎在他心中，就有一個如花似玉的紅樓夢」他所寫的《紅樓夢導讀》《紅樓夢憶》《紅樓識小錄》，我均細細閱讀。鄧先生所留下的文字，保持著鮮活的生命力，為一個有著幾千年的傳統文化，漸在坍塌的時代，補了許多磚瓦。

記得他的《燕京鄉土記》被日本漢學家波多野太郎譯為《北京風土記》後，他就贈了我這本書。此書之下半部，寫到了他在北京所經歷的生活。筆觸所及寫到北京護國寺、隆福寺、白塔寺、天橋、鼓樓後側、什剎海河，等處喝茶之事。特別是寫他的童年，愛喝大碗茶的情景，對我特別有深刻的影響。這本書出版後，受到好評如潮。這像譚其驤這位歷史地理學大家，曾評道：「按雲鄉所著，是不可多得的鄉土民俗讀物，寫燕京舊時歲時風物、勝跡風景、市塵風俗、飲食風尚，文筆雋永，富有情致，還作了結合文獻資料和作者個人生活經歷的很有趣味的敘述。其價值應不讓於《東京夢華錄》、《夢粱錄》、《武林舊事》等作，所以它不僅與歷史人文地理有關係而已，無疑還為這方面的研究工作者，提供了一種極好的素材。」這是多麼高的評價。不止所指，因有此書，不禁還讓譚先生勾引起六十年前在京諸多懷舊之感，甚倍感親切。又盛讚說「雲鄉記憶力之強，令人吃驚，舊時一事一物，歷歷如數家珍，其文筆又那麼優美、生動、幽默暢達，讀其書真能令人渾然如溫舊夢。」（〈一草一木總關情〉一九九二年第七期《讀書》）

上述譚先生之評，更使我對鄧雲鄉先生之欽佩。後又從鄉前輩在山兄處，讀到鄧老記憶往事之詩：

「柳陰記聽蓮花落，愛喝青瓷大碗茶。今日郵筒傳茗耶，承君惠我好春茶。如何高士煙霞物，也入尋常百姓家。奉上打油詩一首，投桃報李多謝他。」

鄧老晚年還說：「幼時不知飲茶，記舊時什剎海河，聽歌口渴，喝大碗茶，直如瓊漿玉露，數十年中常在夢寐間也。真一如他的老師俞平伯，回憶童年的詩：「紅蠟燭的光一跳一跳的，照在掛布帳的床上，照在裡床的小枕頭上，照在小枕頭邊一雙小紅橘子上。」（〈憶〉）童年的回憶，總是美好的，讓人永難抹去。

二

彷彿是因有了趙孟頫的蓮花莊，有了陸心源的潛園，我才有機會與鄧雲鄉先生敘晤暢談。鄧先生曾有〈潛園懷古〉一文，開頭就說起這件事：「我站在湖州潛園門口發思古之幽情，拍了一張照片，歸來翻閱《藝風堂友朋書札》。」然後他引了潛園主人陸心源，寫給繆藝風的一封信。巧緣就存在了，我與鄧先生就結緣於此，彷彿就在昨天。那日，由費在山兄之介紹得於在似玉大樓晚宴上，認識鄧先生，很雄壯的北方漢子，臉上帶有粗線條的黝黑色，似有南下軍人的氣質，如若沒有架上一副玳邊眼鏡，說不上有儒雅之氣。但當一開口，談起文人文事，遂改變了這一切的看法。那晚，同時也認識了剛從名古屋歸來的楊亞平女士。說起楊女士，從那次認識後，她又來過湖州，她還帶來日本的納豆，多年之後，還在網上通過幾封信。至今，想她還在日本，專事教漢語的工作。這次暢敘之中，才知鄧先生之亡妻蔡時言，還是湖州德清武康上柏人。於此，鄧先生也算是我的鄉前輩了。爾後，我查《德清城關蔡氏宗譜》有篇〈德清蔡氏譜系述略〉云：「河南始祖開支蔡氏通譜世系以蔡淑、蔡澤為一世，至二十一世，蔡源於宋建炎初（一一二七），隨從宋高宗南遷，自汴梁入吳越，居於錢塘。」「蔡源，字濟夫，號世洪。宋崇寧二年（一一〇三）進士，仕秘書郎，源生三子：長子維孟，後奉母趙夫人移居蘇州西洞庭山，次子繼孟徙湖州烏程，三子承孟遷德清。」可見鄧先生夫人蔡氏，原是大戶人家。不知鄧公生前知否？

那次鄧先生一行，來湖遊了二處名勝。我想不必作描述，有他自己的遊記文字在，他說：「經嘉興到湖州，作了兩日的秋遊。而在湖州遊了一是飛英塔，二是蓮花莊。飛英塔是唐代中和四年（八八四）建的石塔，至北宋開寶年間（十世紀末期）在石塔外又建了木塔，所謂塔中塔，原是飛英禪寺的佛塔，取佛語『舍利飛輪，英光普現』之意，名飛英塔。寺已早廢，現修飾一新為公園。塔邊有一株三四百年之大銀杏樹，仍鬱鬱蔥蔥，可見其古老。而蓮花莊是元代趙孟頫別業，湖州是趙的故鄉，修有園庭蓮花莊，同北京的萬柳堂一樣，在歷史上都是十分著名的。其後陵谷變遷，滄桑幾變，到清末已成為朱氏廢園和沈氏義莊。陸心源購朱氏廢園改建為潛園。八十年代初湖州市又將小河對面沈氏義莊地改建為蓮花莊公園，把新建部公和潛園連在一起。……水面很大，荷花開時，一定很好看，可惜我們來時已是深秋，是『留得殘荷聽雨聲』的季節了。名石『蓮花峰』、『皺雲峰』還在，潛園部分，老樹蔥茂，已一百多年，大有可觀。……」

如今鄧先生已逝十多年了，而每翻閱他的遺作，特別翻到他贈我之書，就彷彿再次聆聽到他那略帶山西語音的普通話，彷彿重新坐在他面前，沐浴著那濃郁的文化馨香。想起那日，他在湖的第一夜，他贈我書時，看到他簽的名字中，令人特奇的是「雲鄉」兩字，那帶著草書的「雲」字，真猶如你入秋日裡淡淡之蒼穹裡雲遊；而「鄉」字，又有另有一番愁緒，留存於他的字跡中。據說他原最後一字是「驤」，原意是一「馳騁的白馬」，《爾雅・釋畜》中，有「後右足白驤」，《詩》云：「兩服，上驤」。但反右時，鄧先生弄得灰溜溜的，那敢用此字，遂常用「鄉」字了。到如今，當我每瞧著這些由鄧先生手澤的字跡，雖生命不在，但仍延續著他的精神血脈和文化生命，那晚我們間的對話，每一回首，一如知堂所雲，彷彿「覺得只有夢想或是回憶是最甜美的世界。」也許「即是昨夜的事情也要比今日有趣。」是的，回憶起鄧先生和我在一起的情景，彷彿還在昨夜——那離潛園很近的似玉大樓。

三

自此之後，我與鄧公遂成忘年之交。在此其間，鄧公每有新書出版，必先寄贈給我，每本書的扉頁上，均以從不變樣的格式簽名，且在名下鈐一精巧圖章。每次寄書，還附一封短箋。陸陸續續的，我得到鄧先生簽名本十多本，那時他新作迭出，我最喜讀的是《水流雲在雜稿》、《文化古城舊事》、《增補燕京鄉土記》（上下卷）、《春雨青燈漫錄》等等。鄧雲鄉的《水流雲在雜稿》，書中那真摯、濃厚的情調，特別令人耐讀。這從《水流雲在雜稿》一書的〈後記〉中一段話即可看出：「北嶽出版社出版我的《水流雲在雜稿》，在我內心的感情中，是有特殊感受的。先君漢英公，昔時有詩曰：「五百年來宅滱陰，綿綿累世盡儒林。」我家自明代永樂以來，世居北嶽恒山之南。唐河南岸。唐河之源，就在恒山南麓，東南流入河北省後，就為滹沱河；北麓之水，北流入桑乾河，再東流，入河北省後，即為永定河。我幼年是吃慣了北嶽的水，滋潤我的心田的。我很小的時候，幾次從北嶽山腳下經過，沿著那溪流間的鵝卵石，望著那縹緲的懸空寺，緩緩地從狹窄的唐峽走出去……這都是半個世紀前的事了。試想，在這樣記憶的基礎上，今天，北嶽出版社出版我的書名「水流雲在」的書，真是：內心纏綿之情，也真象恒山頂上天空中飄浮的白雲，也真像恒山腳下唐峪中淙淙的流水，是說不完，道不盡的呀！」一種多麼醇厚可貴之情。

爾後，他對我送他的拙著《易經與經營之道》，說回上海後仔細讀了。有一天，費在山兄告我說，鄧先生在百忙之中，讀了我書，還替我撰了一稿，即將發表在《新民晚報》的「讀書樂」上，約一周不到，我即讀到鄧文。題曰「《易經》的趣味」，文章不長，不妨錄之以下：

我小時沒有讀過《易經》，只是不知為什麼記熟了八卦口訣，什麼「乾三連，坤六斷，離中虛，坎中滿……」至今也還能順口背出，畫八卦也不會錯。《論語》中的話，我一般都懂，也較熟，孔子說過「不學詩，無以言」、「不學禮，無以立」的話，但是於《易》，卻說道：「加我數年，五十以學《易》，可以無大過矣。」說這話時，似尚未學過。後來不知學過沒有？按「刪詩書，定禮樂」的記載，孔子也可能沒學《易》，連孔老夫子都沒有學《易》，我何必學呢？「不懂就是不懂，不要裝懂」，這個教導我還是記得非常牢的。所以我雖然「乾三連，坤六斷」以及什麼「潛龍勿用」、「龍見在田」等等，記得很熟，卻不懂，不知什麼意思。最近一位新朋友張建智先生，卻送了我一本三聯書店出版的新著《易經與經營之道》，開始我還懷著疑問心態，這古老、深奧的玩藝兒，作者怎麼說的？真懂嗎？我仔細讀了幾篇，才看出點味道來，啊，原來是這樣，大有茅塞頓開之趣。

如解釋乾卦道：「全卦皆陽，蘊涵著乾天如日，其性剛健。」

後面聯繫經營說：「儘管我們無法找到變幻莫測的成功之規律，但是作為一個從事經營的人，如果他的胸懷中有一個『剛健中正』即光明磊落的正確原則作為指導……最終會得到成功的收益。」這樣解釋乾卦，聯繫實際，就十分有趣。又如解釋夬卦道：「夬卦•夬者決也。該斷時必決之意也。」這樣的說明，比原書一上來就解釋：「決也，陽決陰也，三月之卦也，以五陽去一陰，決之而已……」對現在的讀者來說，要明白得多。後面作者還舉了一個經營中的例子，說一個做生意的人，籌足了兩千噸銅的資金，不及時訂貨，眼看著銅價上漲，眼看著損利了兩千萬元的利潤。說的有來有去，有理而且有趣，可惜這位做銅生意的朋友，沒有好好學一學《易經》的夬卦，不然，准賺大錢。

作者對古老的《易經》每個卦都加了簡潔明確的標題，如乾卦是「自強不息」，夬卦是「當斷則斷」。坤卦畫出來並列兩個六小段，中間是空的，他的標題是「虛懷若谷」、屯卦是「創業唯艱」、蒙卦是「受業解惑」……總之。每個卦都有他獨到的見解，明確標題，聯繫現實的簡潔有趣的解釋。使這本古老而有些神祕的經典變得通俗易懂，而且聯繫現實很好，說得十分有趣讓人喜讀。稍感欠缺的是，書前書後，沒有一篇簡單畫出卦象、說明卦象的文字，因為讀者不知道這些卦象的符號，說是「乾卦」，那又什麼樣才是乾卦呢？豈不沒有根據嗎？雖然，我仍感到它是一本有趣的書。

今天，當我重讀鄧先生這篇為我寫的不到千字之文，但若設想一下，那時，他是多麼的忙，老妻亡歿幾年，家中事務肯定不少。且寫此文前，得細讀拙著，開寫時他又對照《易經》原文，比較了我的簡解，還要舉例說明，文章又不得拖遝。（因《新民晚報》是以短文取勝的）。鄧先生不用電腦等等，這些，均說明瞭他對事是多麼認真，對後學者總是有望、提攜。如今想來，真是為難了他，打擾了先生。但鄧雲鄉先生，人所共知，是一個厚道人。為此，為了找到他的小文，我在電腦上，已搜多日，但哪裡都找不到新民晚報上的此文，只好到處尋翻舊篋，幾天後，終找到個晚報影本，為了不讓鄧先生為我而寫的小文流失，只能重抄以上。為永志紀念矣。

今晚在燈下，又讀他為我寫的一張書法，名為詠史之一，讀至最後一句「斜陽白髮添」時，不禁悲從中來，這是他一九九七年重陽節後，興致所至時所書，離鄧先生離世僅剩一年多時間，「螳螂捕蟬黃雀在後」，其實，那時死神已經盯住了他，可自己一無所知，重讀他的詠史詩，無意中，我的眼眶裡，禁不住同時流下淚來。

先生文中指正的「稍感欠缺的是，書前書後，沒有一篇簡單畫出卦象、說明卦象的文字。」此憾，終在第三次再版拙著時，由北京團結出版社版二〇〇八年第三版時，作了修正，補上卦象，如鄧老地下有知，想定會欣然高興的。

謝蔚明：一位報人與文匯月刊

從北大荒回來

謝蔚老逝世後，我一直想寫一文，曾撰了幾百字，惜未一鼓作氣寫畢，一轉眼離他老仙去，忽忽又過了二年。今適整理舊書報刊，正翻讀到謝老於二〇〇六年三月十七日《文匯讀書週報》上的〈我與龔之方〉一文；重讀之下，此文既介紹了出版與電影界老人龔先生與夏衍、苗子、郁風、丁聰、唐瑜等文化人的往來經歷，但更多的卻介紹了謝蔚老自己之生平。似頗值一錄：「世事滄桑，變化莫測，反右運動中，我未能倖免。所幸大難不死，龔之方獲悉我從北大荒回到北京，一九七九年五月二十三日他來信說：『要否給梅益同志寫封信，把你推薦給中新社，希望梅找一找中新社張帆同志。我會給他寫信告知你的處境』。事後，蘇州的龔之方向張帆推薦了我。」從此信看，龔之方先生那時在北京，認識一大批上世紀三十年代的文化名人，同時龔又是個熱心人，他極力推薦謝到中新社工作。那時，謝蔚明雖好不容易從北大荒回了上海，但尚未落實政策。

龔向中新社介紹說，「他叫謝蔚明，過去在上海文匯報駐京辦事處工作，能寫能編能跑，確是當記者的人才，五七年戴上右派帽子，文化大革命中被捕，目前，上海文匯報未安排他的工作，中新社求才若渴，謝蔚明實是可以羅致的對象，他比我年輕，今年才六十出頭。聽說社科院梅益同志對他知之甚深。」當時，龔之方積極為謝奔波，但不巧中新社張帆正去日本，待一月餘回北京處理謝的工作問題，卻已過時。而那段時間，正好文匯報社辦《文匯月刊》，謝蔚老原就是文匯報人，他就任職於斯。

其實那時他，已是退休年齡。「他能夠幸運地活到現在，已經是個奇跡。」這是郁風對謝能活著從北大荒回來評說的話。謝蔚老原是安徽桐城人，一九一七年生。出身貧寒，曾畢業於黃埔軍校第十六期，是位軍人可又是位報人。曾任戰地記者，出生入死，參加過南京保衛戰。我曾聽他說，有一次被敵人包圍，二個白天與晚上，在長江水面上死裡逃生，敵軍子彈不斷於他頭頂呼嗖嗖而過。他身旁的士兵，中彈流血不止，他終算倖免於死。「城破之日，奉命突圍，先後從下關、八卦洲，鮮血染紅的江面和浮屍中，在敵艦監視下突圍逃生。」（見謝文〈亦憂亦喜話平生〉）那時他二十多歲，作為一名軍人英姿煥發，作為一名報人勤於採訪。後他調任重慶，任《掃蕩報》戰地特派員。一九四二年在湖北恩施任《武漢日報》採訪主任、《新湖北日報》通訊室主任，抗日戰爭勝利後，任中央社武漢分社採訪組長，後在南京《和平日報》任採訪部副主任兼《每日晚報》採訪部主任。一九四九年秋，任《文匯報》駐北京辦事處記者。「五十年代初，風華正茂的謝蔚明，緊隨名報人浦熙修，在剛剛解放、日新月異的歲月中，馳騁京華，採訪新聞，以最快的速度在銷量很大的上海《文匯報》上發表。」那時，共和國誕生，文化名人雲集京華，都是他採訪和寫作的對象。正如苗子、郁風等人，他們回憶謝蔚明時說，「當時的《文匯報》駐京辦事處，就是許多文化界朋友相識相聚，興奮地交流國家建設好消息的去處。」但好景不長，誰也沒有料到，一九五七年反右，眾多知識分子蒙難，浦熙修遭批判，謝蔚明也捲入其中，難逃劫運，終被發配至北大荒，一去十九年！一去十九年後，真猶魯迅說的，像一蜻蜓在繞了一圈後又回原地，謝蔚老總算又在《文匯月刊》有了機緣，發揮餘熱。又幹了近十年，因他長期做記者，文化圈人頭熟，為該刊約了並寫了許多妙文。直至一九八九年，該刊被迫停了。爾後，他就是寫稿著書不輟，直到九十二歲謝世。所以，郁風曾不無感慨地說，「謝蔚明，還能夠寫書出版，那就不止是他的幸運，也是讀者的幸運了。」此話道出謝老的心聲。余生也晚，初識謝老，是為了那篇他寫章克標的文章。章百歲之時，我去海寧看他，就聽章的新婚夫人林青說起謝蔚明寫章文之事。當然，此文有所過頭，後來我與謝見面，他自己也說談章一事，不免偏激。但隨接觸多了，他老並非是那種專挑別人毛病之人。恰恰是一位熱情、好客、慈祥的文化老人。

有一次，為編一套《遠東瞭望叢書》，到他家約稿，他絲毫無依老賣老之態。那時他年近九十，我們談得愉快，還約我們到他家附近一家餐館吃飯，親眼看他轉幾條馬路，行走簡捷。有一次，我們小敘時，聽他談起許多他在北京曾去採訪過的名人軼事，也談到《文匯月刊》是如何創辦，如何越辦越火紅。

辦《文匯月刊》

《文匯月刊》誕生於一九八〇年初，這大型的文藝性綜合性雜誌，在新時期可謂首創。他談他每月奔波不息，到各位知名人物走訪，如何在京滬兩地組稿；可以看得出，他對自己所辦刊物感情至深，充溢著虔誠之心。經他的多方位的熱情洋溢的說談，我也似乎記得，那近百頁的刊物，當年僅四角八分一冊，目錄十分耀眼，欄目豐滿，品質之高，當時也算得上是首屈一指；封面總有名人照片，記得一九八二年第一期上，就有巴金老穿著中山裝那儒雅的風采。封底有名人字畫，反映了各族人民的生活風貌。內有適合各等人悅讀的文字。有報告文學、小說，傳記、散文隨筆、書評欣賞、鮮花一束、仙人掌、自由談、甚或還有音樂、美術、中外銀幕等等。名人名家都在此亮相出文。巴金特地撰寫了懷念老舍的散文〈我愛咱們的祖國，可誰愛我啊〉，丁玲有長達兩萬多字的散文〈我所認識的瞿秋白——回憶與隨想〉，唐弢的〈追懷雪峰〉等名篇。以及，當時許多久未見面的作家陸續在《文匯月刊》上發表文章，其中有茅盾、葉聖陶、唐弢、王朝聞、吳祖光、艾青、姚雪垠、蕭乾、公劉、王蒙、邵燕祥、舒蕪、馮亦代、董鼎山、楊憲益等等，還有一大批中青年作家，引起全國讀者極大的關注。《文匯月刊》逐漸發行到十萬份以上。至今，最使我印象深深的，我還記得柯靈老先生，老人披著一件黑色的呢製大衣，神情凝重地坐在地階上，身後的大地上則是一片片灑落的黃葉，淒苦肅煞之氣，乃襲面而來。《文匯月刊》後來被迫停刊了，但柯靈老先生，似乎還坐在那裡，還滿地黃花堆積。可見當時這個年近七十的謝蔚明，作為一名老文化人，一位副主編，他是全心撲在這個刊物上的一個重要編輯。

刊物雖停了，但人們是不會記記他的，那天，他拿出陳鵬舉當年特為他寫的一首詩讓我們看。詩曰：

聞說玄宗兩鬢烏，謝家未有此清癯。
淚流一似聶紺弩，史筆雙清張伯駒。
屈子生來非楚子，董狐看去是妖狐。
囊中八十三年事，來煮千秋酒一壺。

那天，他還拿出楊憲益特地從北京寄給他的詩，也錄之以下：

早期比翼赴幽冥，不料中途失健翎。
結髮糟糠貧賤慣，陷身囹圄死生輕。
青春作伴多成鬼，白首同歸我是卿。
天若有情天亦老，從來銀漢隔雙星。

（一九九九年十二月作）

織女星沉天一方，牛郎今改賣油郎。
花魁留給他人贊？猶掛羊頭酒更香。
病妻早逝十周年，猶在京華聊大天。
老而不死留為賊，來訪諸公看好錢。（看字讀平聲）
只能吃喝拉撒睡，不會坑矇拐騙偷。
貧賤書生無一用，誰叫織女嫁牛郎。
昨夜星辰昨夜風，牛津水畔綠蔭叢。
平生厭讀紅樓夢，到底依然假大空。

（二〇〇〇年十月二十七日作）

當讀了楊憲益老的打油詩，非常有情有趣，我們大家讀得心理笑，但那笑中無不填入了幽默的憂鬱。但也讀出了楊老困境中的無奈與落寞，然不乏氣度閒定雍容，心態之瀟灑。讀完後，謝老也笑。當然也透出他們是同時代人的苦澀。謝蔚老為人直率，那次我們相聚，他老見我女兒快博士畢業了，他對她說，有事找他，介紹她去認識黃永玉等許多他熟知的名人，似乎他老誰人不識君，引得我女兒笑盈盈的開心。他總把獎掖後生為己任，如我寫《中國神祕的獄神廟》一書時，他還特地郵寄我有關資料。記得編這套叢書時，六個作者中，他屬最年長，但卻率先交稿，令邵燕祥，來新夏、葛劍雄諸先生感佩不已。謝老之書《那些人那些事》，還專由黃苗子親書題簽，郁風為他作序。自那後，我和謝老常電話通達，至二〇〇八年初，當聞謝老住院，他夫人也常有電話，時告知病情一二。當時我想，他老黃浦出身，九死猶生，且多經練歷，身輕無病，定能猶軍人夜行般穿過這一次的劫關。殊不知有一日清晨，我打電話問候，他夫人卻於電話中告知：「我正要去醫院呢，看來這次老謝有些危險了，大概不能逃此一劫了！」，「有這麼嚴重嗎？」我說，不是前段時間還很好的。他家人接著急急地往下說：「老謝原已很瘦，現在已是皮包骨了，他吃不下任何飲食」，「是否進的流汁，乃或弄些好吃的！」我在電話中說，「是啊，我現就到醫院去給他送好吃的！」，「那就不打擾了！真希望謝老還是一如以前那樣命大，闖過這一關！」，「謝謝，謝謝，我一定向他講……」。最後，謝夫人還補充一句說，凡她把朋友之來電，一一報給謝老聽時，免強蘇醒一刻，總會心地點點頭。

這老馬終走入天堂

二〇〇八年一月二十九日，豈料噩耗終於傳來，我沉痛半天。儘管生老病死，是一種自然規律，且謝老已是九十二高壽，總想他還能像以往一樣，逃過命運對他的挑戰。我不願聽到這消息的傳來。謝蔚老，一生經歷了多次生死攸關的時刻，單說十九年的北大荒，大批寒士成死魂。用他自己的話說，這一生，到鬼門關去過多趟。而南京大屠殺和北大荒的牢獄之災，這一切，都沒有壓倒他的命運之神，他始終艱難地承受了生命之重。今屈指算來，謝蔚明老，已走了二個多年頭。有時我想，「這老馬終走入天堂」了。

今寫畢此文，令人寬慰的是，他比之老友龔之方的晚年，尚好得多。這由他的描繪為證：「龔之方的晚年，不僅為病痛折磨，風風雨雨的家務事，搞得他不知所措，如果老伴在世，還可為他分憂，但是她已走上黃泉路，他是個病夫怎麼應付……」我又想，謝老晚年，生活溫馨，他無疾而終，活了九十二歲，雖歷經坎坷，也算大幸！「秋蘭兮蘼蕪，羅生兮堂下，綠葉兮素枝，芳菲菲襲序。」（見《九歌・少司命》）兩年之後的今日，又近清明時節雨紛紛。

呵，謝老，在這素花蘭葉，一陣陣幽香襲來之際，你安息吧。讓我們在你所安息的芳菲的殿堂，虔誠鞠禮！

芮沭：北大的法學家

從陸卓明說起

三年前，讀北大吳志攀校長〈斯人已去，遂成絕響〉一文，是回憶陸卓明的文章。陸卓明（一八二四——一九九四），北京大學教授，我國著名的世界經濟地理學家和教育家。其父陸志韋是燕大校長，曾與司徒雷登共襄燕大義舉，歷經艱辛，達三十年之久。而父子均具中國知識分子特質：追求真理、憂國憂民、坦蕩誠摯、一身傲骨。鄉前輩有如此崇高的品格，令我感佩。

前年三月二十日，我國著名法學家、中國經濟法學和國際經濟法學奠基人、北京大學資深教授芮沐先生，因病醫治無效，於北京大學仙逝，享年一百零三歲。爾後，我又讀到吳志攀《芮沐先生對我的教誨》一文。這又是一篇令人感動的回憶文章。

芮沐（丁聰插畫）

歲月流逝，近兩年來，我總想為一個鄉前輩寫下些紀念文字，因為，我曾與他神交並在他去世前，專程去北大燕南園拜訪過他。

記得二〇一一年五月的北京，天氣晴朗，未名湖畔樹木蓊鬱，湖水悠悠，塔影湖光，景色獨饒。可以說從燕園到湖畔，除一些小紅房稍作點綴，簡直就是列維坦筆下的一幅幅畫面，讓人流連。如若融進北大、燕大以往之人文故舊，歲華文緣，燕園的魅力，格外謎人。

那日，去燕南園六十五號的芮沐家，這是一幢二層小樓，加之小院，自成格局。六十三號，是馬寅初家，六十四號是翦伯贊家，五十七號是馮友蘭家。其實，這一幢幢小樓，青磚灰瓦，若以現在的眼光看，似都普通，房屋早已老舊。樹多人少，綠樹掩映之中，整個燕園，遮得嚴嚴實實。可與周邊環境，卻形成鮮明對比，環顧四周，倒有一點野鄉之味。但在此地，卻留下過多少名師、名士。那恬淡睿智，生平閱歷，無處可比。芮沐先生就是其中的一個。

芮沐，一九〇八年七月十四日生。他出生於湖州一個商人家庭。父親從事紙業生意，把江西紙張販賣至上海，之後，隨生意漸大，舉家遷至上海南翔。兄妹八人，芮沐出生時，父母為他取名「芮敬先」。而「芮沐」，是他後來自改。少年時，就讀法租界浦東小學，爾後，轉法國的聖房記教會學校。在教會學校，禮拜天要去參加教會活動，念讚美詩，因此學了英語和法語。一九二七年，到英租界馬克密林讀中學，畢業後，芮沐考入震旦大學。四年下來，外語水準大有提高。震旦大學畢業，獲文學學士。

一九三一年，芮沐到法國留學，獲得法國巴黎大學碩士學位，一九三五年，又去了德國。那時他思想活躍，曾想在德國的馬克斯學院就讀，後來希特勒上臺，馬克斯學院被關閉，他只好去法蘭克福讀博士。獲法蘭克福大學博士學位。他原喜文學，後轉擇法律專業。而促使芮沐轉學法律，乃因兩事對他刺激。一是他的二哥，小時踢足球時，被菲律賓人拿著棍棒打殘了，下頜被打掉。後來在上海街頭，給人勸架，又莫名其妙地被人打死，而對他之死，沒有任何人負責，遑論懲辦兇手。當時上海租界極為混亂，黑道猖獗，每天都有無辜者慘遭殺害而無處申冤，這促使芮沐決心學好法律，保護像二哥一樣的中國人。一是他對當時租界的「會審公廨」深惡痛絕。會審公廨，乃英美在租界內的一個法庭，審理除享有領事裁判權國家僑民以外的一切案件，實質上是一個列強的聯合法庭，最後的審判不是憑是非曲直，而是憑各國的實力。而中國人到了這樣的法庭，沒有任何公平可言，只有受屈辱受迫害的份兒。當時這樣的現實，促使芮沐萌發「法律救國」的思想，他想用法律，幫苦難的中國人打贏官司。

回國從教

一九一三年，芮沐回國，先後在重慶的中央大學、昆明的西南聯大教書。當時西南聯大，由學貫中西的三代知識分子組成。第一代以陳寅恪、傅斯年、劉文典、聞一多、朱自清等人為代表；第二代是以王力、唐蘭、浦江清、錢端升、葉公超等為代表的中年精英；第三代是以錢鍾書、費孝通、吳晗等為代表的三十多歲的「少壯派」。而芮沐，屬於費孝通、錢鍾書一代，是剛留學歸來的精英人物。他們個個中西匯通，滿腹經綸，人人滿腔抱負。而芮沐與費孝通，幾十年的深厚友誼，是從這時候開始的。

在西南聯大時，他與周佩儀結為伉儷。周出生於湖南長沙一個殷實的商人家庭，自小管教嚴格，是南京金陵女子文理學院的學生。年輕時知書達理、典雅端莊。從此，不離不棄，長相廝守，直到今天。一九四五年「一二一」慘案在西南聯大發生，李公朴、聞一多慘遭殺害。血氣方剛的芮沐，義憤填膺，在課堂上，公開抨擊國民黨的黑暗殘暴，引起了當局的注意。當時許多人勸他謹慎，他不予理會。一位在校的美籍教師與他交好，對他說，中國這麼黑暗，你又身處險境，不如去美國，我幫你介紹。帶著對國內政治的失望，芮沐偕妻子去了美國，在哥倫比亞大學做訪問學者，大女兒，就在美國出生。

一九四七年後，全國形勢已經明朗，但北平還在傅作義手中。在美國過著殷實生活的芮沐，對新中國充滿希望，熱血沸騰的他，決定回國，迎接解放。當時妻兒無法與他同行，他卻對妻子說，再晚就迎接不了解放，毅然撇下妻兒，一個人先回北平。

當時北平的學生運動風起雲湧，芮沐一回來，就投入到學潮中。解放前夕，一位叫孟功的同學被國民黨特務逮捕，芮沐決定作為律師替他辯護。當時芮夫人也已經回到他身邊，覺得這樣做太危險，許多同事也勸他不要去。他卻義無反顧，面對國民黨特刑廳的威脅恐嚇，正義凜然地為學生辯護，痛斥國民黨特務。由於他在知識界的地位，國民黨特務一時也不敢怎樣，直到北平和平解放。

那天下午，我們到芮教授家後，得到了芮教授夫婦的熱情接待。已是虛歲一百零三歲的芮教授，坐在輪椅上，看到來自故鄉的人，他很激動，因畢竟一番鄉愁在。芮教授夫婦愉快地與我們合影留念，並將芮教授的著作，民法學原理的力作《民法法律行為理論之全部》一書相贈。這部書，其實和芮沭一樣，頗具神祕和傳奇色彩，它永遠會於中國學術史上留下重要的一筆。據浙大張谷教授多年研究，這部民法著作，其學術價值，哪怕德國或日本的學者，至今無法追及。而最令我深深感動的，是在芮夫人的幫助下，並在保姆一聲聲鼓動下，他終於用顫抖的手，親筆簽上「芮沐」兩字。

歷經劫難

真的，能得一百零三歲一個法學家之手跡，是多麼珍貴。雖然芮沭老人已不能笑談，但那日坐於他家沙發上，聽老夫人一席話，更令我驚歎不已。老夫人九十三歲，但聲音宏亮。她講述了「文革」十年，他們家經歷了多少劫難，她激動地說：「那些時日裡，老芮每天接受批鬥、遊街，關進『黑幫大院』。這些均挺過來了。但有一次，他被打得半死，我終於懷著冒死的危險，闖到校造反派總部，與他們論理，並不顧一切把芮沐搶救出來，如若稍遲一步，可能老芮早不在人間了！」

聽了這事，這位湖南出身的個子小巧的女人，即刻在我心中高大起來。我暗自思忖：「啊，畢竟是出自曾國藩家鄉之人，與那些柔弱女子相比，似斷然不同。」我，對她格外崇敬。

「文革」之後，芮沐和廣大的中國知識分子迎來了新生。一九七八年鄧小平訪美，中國開始走向世界。一九七九年春，中國社會科學院組團，在副院長宦鄉率領下，到美國考察訪問，可以說是推開了中國學術界走向世界的第一扇大門。代表團在美國紐約哥倫比亞大學訪問時，哥大校長William McGill等人接待，當時，同去的就有費孝通、錢鍾書等知名學者。

費與芮是多年好友。芮沐佩服費孝通的博學廣聞、學術目光深邃；而費孝通則對芮沐的外語天賦驚歎不已。芮沐精通英、法、德、俄、日這幾門外語，也會東歐的一些小語種，其拉丁文，中學時在教會學校就打下基礎，後一直勤學不輟，功底深厚，這無疑對他後來創建經濟法和國際經濟法起了巨大作用。

總結幾十年的經驗，他認為，剛解放的時候，廢除了舊中國的民法全書，引進了蘇聯的法律系統，使得民法的起草沒有基礎，非常艱難。可國家的經濟建設不等人，先搞「經濟法」是一條可行之路。雖然當時已經制定了「企業法」和「合同法」，還有「民法通則」，但與當時國家經濟發展的需要，是遠遠不適應的。自創建國際經濟法後，芮沐出國訪問和教學的機會多了。創立國際經濟法這門學科，也是為了適應中國改革開放的需要，因為隨著開放的深入，中國的國際貿易日益增多，貿易爭端也日趨激烈，極需這方面的法律人才。現在WTO工作的中國專家學者，許多都是芮沐當年的弟子。

那日，他客室的牆上掛著芮沭年輕時的照片，可真帥得就像個電影明星：濃眉大眼，鼻直口方，飽滿的額頭下，一個俊秀的臉龐，眉宇間，蘊藏著一股逼人的英氣。芮夫人馬上會意地說：

「芮沐一直愛好體育，喜歡運動，足球、游泳、騎馬、擊劍、棒球，樣樣都行。」還說，「他對一切新事物特敏感，八十多歲時，電子遊戲還剛風靡，就跑到大商場頂層遊戲廳打遊戲，我只能站在一旁等待，而周圍的人，全是十歲左右的小孩。」是的，正由於對外界的一切敏感如此，在七十歲後，還給本科生上課。騎一輛嘎嘎作響的破自行車，在校園中奔波。其一片赤誠之心，令多少學子感動。他一九八五年帶博士研究生，直至九十二歲高齡，依然帶著博士研究生，這在教育史上極為鮮見。

九十歲時與學生一起時，還有這樣動人的情景：「一次研討會結束後，怕先生疲勞，建議送他回家休息，他用詫異的目光看著我說：『為什麼要送我？我要和你們一起吃飯。』飯局中先生很高興，動作輕快自如，絲毫看不出他已經是一位九十多歲的老人。吃了一些菜，品了紅葡萄酒後，先生對我神祕地說：『叢培國，給我要一杯紅牛飲料嚐嚐。』說完，老人臉上流露出一種孩童般純真、燦爛的笑容。那樣子，真的很動人，像是一件藝術作品。」讀著這樣的文字，真令人嘘唏不已。

如今，芮教授駕鶴西去，已近兩年，我有一種說不出的哀痛。芮教授雖仙逝，但他的法學精神將長存於世，何況我們渴望已久的真正的法學精神，還離我們很遠很遠……很多時候，在我們的現實生活中，我們還會感受到偉大詩人普希金的一句詩「法律在哪裡？」的困惑和迷惘。

在這裡，我想借芮沐的弟子吳枝攀先生一段話作結，他說：「我深深感到，這一輩子能跟芮先生學習，是莫大的榮幸。先生是一本淵博的大書，我有幸走近這本大書，閱讀了其中的幾

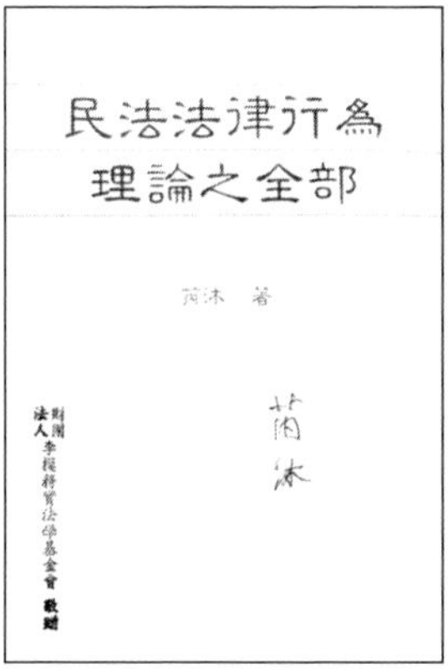

民法法律行為
理論之全部

芮沐 著

芮沐

財團法人李模務實法學基金會 敬贈

芮沐贈與作者的作品

芮沐與他的老伴在北大燕南園

頁。但是，書中還有很多精彩章節，我還沒有讀，還等待我更加深入地閱讀，也要等我的閱歷增加，才能深刻理解。我估計，我這一輩子，恐怕怎樣也讀不完先生這本大書了。原因很簡單，芮先生已經一百歲多了，我才年過半百，但已未老先衰。作為他的學生，我只能遠遠地望著先生的背影，永遠都跟不上他堅毅而敏捷的腳步。」

胡河清：除卻巫山不是雲

一

那日在西子湖畔漫步，正好遇到一家舊書店。走進店內，隨手就翻撿到那本《胡河清文存》，封面全黑，書名著黃色，設計者獨具用心，全黑封面上，再用毛筆醮上深墨再橫上一筆，深意乃神祕莫測矣！

其實那書我原是有的，後被人借走了也沒歸還。記得這本書剛發行時，時任上海三聯的總編輯陳保平曾送過我一本。我記得那日我在他辨公室，他對我說：「老張，你看在那全黑封面上，我還特地用焦墨加上一筆，此意蘊深矣。」的確，當我在遙隔了十多年後的今天，重新來審視這一筆，仍覺得有一種莫名奇譎之感躍在其中。

胡河清，一個書香門第之後代，一代文才，文學博士，撰《真精神與歸途徑——錢鍾書人文工團世界探幽》深獲錢鍾書回函報謝，不啻對「錢學」有深入之體悟。而他的文學評論集《靈地的緬想》更讓人讀之緬想不盡。

正當風華正茂，才智的發揮正值良辰美景之時，他卻以三十四歲之年華歲月，選擇一個大雷雨之夜，自滬上「枕流公寓」跳樓自歿。守著太多的祕密，承受著生命給予他難言之重負——走向了如他自己所說的「還我清靜正身」的另一個天國中去了。

「勞歌一曲解行舟，紅葉青山水急流。日暮酒醒人已遠，滿天風雨下西樓」。此乃他專門請人書寫，天天掛在自己慶邊的條幅。他曾戲謔自己之名勝「胡河清」，即「何日可清」？

何日可清？誰能回答？「眾芳蕪穢」，也許他處在孤立的境地，眾人皆醉，惟他獨醒。這世上往往如此，難活者，應是「獨醒」者！也許是上下五千年歷史之永遠重複？詩人式的熾烈之情感，冷峻又悲壯之心理，追求完美，追求清白而崇高之人格，讀他的《文存》猶如讀屈原之詩句：「伏清白以死直兮，固前聖之所原！」

他是屈子，抑或是王國維，是老舍，還是傅雷？不甚了了也！

胡河清，一九六〇年代出生於黃河之濱。母親徐清輝是著名的美學家，也是新中國第一位赴哈佛交流訪問的學者，在她的影響下，胡河清從小涉獵極廣；他師從錢谷融先生，錢先生因為欣賞他的才氣。我們追溯於他的祖籍卻是出文才與出徽商的績溪。有時我想，他之性格，興許正是由這兩地所生。黃河流域的堅強以及安徽績溪的文才，這就是他雙重人格的組合。

當然，他之童年確也經歷艱辛，在他的〈自序〉中，他曾說：我滿月時就離開了那塊大西北的「血地」。我從小就居住在上海一所歷史悠久的公寓裡。童年時代時常被剝落的粉牆上爬行的光斑所驚起，似乎四周潛伏著難以計數的幽魂。我在大約十五六歲的時候，又回到了生養我的地方。我當時穿的衣服在班上是最襤褸狼狽的，這可以充分表現出家境是如何的淒涼。我幼小的年紀，挑起了家庭中幾乎所有的生計。少年時代的艱辛……突如其來的身世變故使我失去了涉足高峻深遠的靈地探險、遊歷、朝聖的機緣。憶及自己的前半生，風和日麗的良辰美景甚少。

二

人們常說性格決定命運，那麼是否正是這黃河之水抑或新安江之水在他心中激湧流淌、賁發，甚或突兀裡的撞擊，致使於他選擇了這令人難於捉摸的運命。這樣的冷寂的選擇，是否正合了他自己的評說：「一個無私地用自己的情愛去擁抱世界的人，他的生命便成了與這個世界血肉相連、不可分割的一部分，因而也就具有無限豐富的內涵，煥發出無比絢麗的光華。」我想，那不善交遊，拙於言辭的胡河清，不就是這樣的人嗎。胡河清都是個熱愛生命的人。他的遺物裡留下四大本影集，很大一部分是他拍攝的風景照。他所遊歷的風土人情，還有身邊細小事物都被記錄在胡河清的鏡頭裡。在胡河清的遺物裡，還有他當年的文摘卡，摘抄了他喜歡的黑格爾《法哲學原理》中的句子「生命，作為各種目的的總和，具有與抽象法相對抗的權利。」我想，這便是他對生命存在的意義的終極理解。也是他對生命熱愛著的全部解讀。世界上總有這樣的人，無論是光明乃或黑暗之時。他們在內心興許是寂寞的，但他們從未放棄對無限豐富內涵之追求，從未放棄對絢麗光華的渴望。

他內心有著無比的痛苦，但他絕不是為自己之一已利益而痛。有人早評說：「河清的許多痛苦，都是因為他這種人格的純粹和對這種純粹的執著而伴生的，他可以容忍和理解我們這些朋友身上的世俗和委瑣，對自己，卻近乎清教徒般地苛刻。」這樣的評說，倒使我想起了萊蒙托夫的幾句名詩：我們這一群憂鬱的、很快就要為人們忘卻的人們／將要無聲無息地在這世界上走過／給後人沒有留下一點有用的思想／也沒有留下一部用天才的筆開始的勞作。

也許天才都有那一份焦急，那一份良知，那一份憂鬱的思想。都想在這世上留下點有用的思想，不讓自己在這世上白白走過。人們有時常笑說「無心才長肉」，也戲說「沒心白大才」。又有人說「事緩則圓」。如果說我們的胡河清先生，假若真能無心一點，沒心一點，事緩一點，也許活到今日，不就是一位學富五車，著作等身的名流了。難道還用得著為了出版一本《胡河清文存》，從這一班同學從中牽頭，從學校到社會，為其書的出版募捐嗎？還用得到為此事，遂引起全國範圍內的關注？還驚動了兩百七十六顆悲痛而熾熱的心。當然，世事難料，更不可假設。

今日，在我讀到有人這樣評說他的文章，非常有同感，不妨錄之：「把中國的傳統文化和西方文論相結合起來並用它來指稱著中國當代文壇上的創作，給人以鮮活的感覺。相對於學術界的刻板與呆滯的研究，胡河清先生無疑屬於異類，以至一位學殖淵深的國學前輩竟認定他的評論是小說。這種極具個人色彩的論說正是他借他人酒杯澆胸中塊壘之所在。在胡河清看來文字的力量全憑體內蘊發著的一股精氣，寫別人的同時其實也在不斷地刻畫著自己的心靈。」據說，在生前的最後一段時光，他一直為失眠所苦。夜夜輾轉反側，沉浸在難以忍受的清醒之中，越醒越想，越想越醒，長久下來，使他的體能和神經處在崩潰的邊緣。他對身邊的朋友說，「充滿了無力感」，「缺乏生趣」……也許，他對自身命運和他所目擊到的人文知識分子的境遇，是他細緻心靈憂鬱的一切淵源。

啊，彈指一揮，十多年又過去了。我看到的他，還是笑容清澈、牙齒潔白，透過鏡片可以看到他的目光溫和而沉靜。儼然是一位儒雅的學者的風韻。

周越然：近代一位藏書家

一

金小明、周炳輝編的《夾竹桃集——周越然集外文》（中央編譯出版社二〇一三版）確是一個鮮霞風致的好書名。「月光下的夾竹桃，葉影參差，花影迷離，婉美動人」引出無限幻想。且夾竹桃，「一朵花敗了，又開出一朵，一嘟嚕花黃了，又長出一嘟嚕；」季羨林說，「無不奉陪這一點韌性，同院子裡那些花比起來。」（季羨林《夾竹桃》）讀季老美文，連同《周越然的集外文》，又想起「言言齋」來。當年，他與嘉業堂劉承幹、傅增湘、李盛鐸、董康等並列為藏書大家。周越然的書齋，曾於百年中，演繹了幾度興衰覆沒的藏書軼事，一如奧斯卡的電影，在我腦海映出萬千變幻。

周越然（一八八五——一九六二），原名之彥，又名復盦，浙江吳興（湖州）人。是清光緒三十年（一九〇四）的秀才、南社社員；一九一五——一九一八年，在商務印書館編譯所任英文部編譯，當時與茅盾先生在一起。他是一介書生，英語教育專家、編譯家、散文家；一部《英語模範讀本》（一九一八年初版），長盛不衰，風行了幾十年，直至二〇一二年，由天津人民出版社為其重版，可見其還有參考價值。

周越然，於讀者心中，他還是位民國時期不願做官的名士。嚴復曾是他的老師，戴季陶是他的學生，他還因精通拉丁文、德文，頗得辜鴻銘的賞識。由於他自幼熟讀國學經典，又喜研究西方文史，於是他積多年豐厚版稅之得，竭其所能搜求中西名著，甚或孤本典藉。但一九三二年遭「一・二八」日軍炮火蹂躪，其用稿費所得之元明孤本，西書古籍、珍貴抄本，毀於一旦。那辛苦搜羅之藏書，傾刻間，灰飛煙滅，言言齋寂滅，受了一次火與血的洗禮。

然周先生遭此重災，他的愛書、淘書、藏書，不改初衷，不數年，《言言齋》又藏書豐滿，鳳凰涅槃，如郭沫若說的，「死了的鳳凰更生了！」

大劫後，舉家逃至租界，言言齋又移居西摩路（今陝西北路），重拾他的著書生涯。爾後，他出版了《書書書》、《六十回憶》、《版本與書籍》等書。誠如，陳子善所評：「以獨到之眼，窺視現代中國的社會萬象；以清新之文，書寫脫俗人生的自然意趣。」

確實，周越然以文筆清麗，知識豐富，內容廣博而聞於世。而他用多個筆名，發表在《晶報》上的書話專欄，更因其視野寬廣，探索細微，幽默博洽，讀者眾多，令人入勝。

二

當然，對於周越然於抗戰時期，他的一段個人歷史，有評說：「『蓄鬚明志』固然可敬，日本人到底未蠻力強迫梅蘭芳，『刺刀架在脖子逼唱』，沒影的事。前幾天讀報，又讀到一段類似的昏話——抗戰後，言言齋主捲入不測漩渦。有史料回憶：某日，日憲兵夤夜闖入周氏西摩路住所，將周氏綁架至虹口新亞大酒店，迫周氏參加大會（即一九四三年八月二十五日至二十七日在東京舉行的第二次『大東亞文學者大會』）。而事後周氏深為後悔，自認為有損民族氣節。日寇投降後，周氏退出學界，息隱家中。此時，言言齋又寂滅了一回。」

讀了這段評說，自然又使我想起王蒙先生於一九九二年第十一期《讀書》上的〈人・歷史・李香蘭〉一文中所論述之話。他說「不可能每個人都做梅蘭芳。」因為「人的自由選擇實際是有限的。人常常是在不自由的情況下，不瞭解前因後果的條件下，被歷史放置在只有一次性選擇機會的難點上的。」王蒙又說：「歷史只有一個。但不同的人心目中卻有不同、至少是不盡相同的歷史，於是就有了許多版本的歷史了。」

如今，我們再來看周越然先生的歷史，定會有幾個版本。比如，對於他何日逝世，書上的記載就各有其說。對於他的捐出古籍多少，也有不同說法。而在抗戰時的淪陷區，日本人強迫甚或將周氏綁架至酒店，要周氏參加「大東亞文學者大會」更有不同版本。上述的「綁架說」，是出自前輩王履模先生（一八八七——一九七〇，民初北京大學學監，解放後上海文史館館員）之口，且有信史為證。周任「團長」，亦非「欽定」；據周發表的，但我認同，這在敵佔區時，是常有的事。想必是真實的版本。事後，周先生深為後悔。這也是真實的版本。這正說明瞭周越然先生，作為一個熱愛中國傳統文化、同時也熱愛日本文化、西方文化的知識分子，在那時期去參加「大東亞文學者大會」，是迫之所然，之後，一種內疚感，油然而生，他自己的書屋「言言齋」，也毀之於戰禍。這是非常正常的內心活動，他的「表現是很自然的」。正如王蒙在文中說的：「歷史常常使人變得尷尬，使人感到一種撕裂身心的痛苦。」王蒙還說，「乍一讀，似覺匪夷所思。再一想，在那種環境和氣氛下，完全可能。」

我想，對這個歷史往事，我們若再讀邢小群的《難忘梅娘》（《隨筆》二〇一四年第三期）文中道出了一九九五年，梅娘在給國外女兒的一封信中說：「我終於在我的祖國獲得了對我的肯定的評價。」其實，在一九九四年四月的一次會議上，梅娘就有一段發言，她說：「過去我們評價歷史，習慣於不是黑就是白，缺少中間色，這實際是對歷史的褻瀆。」

於此，使我又想起關露來了，她的身分更是道不明說不清了。她那時的身分是中共地下工作者，但她卻失去了愛情、婚姻和人生的一切關愛。（見《關露傳》丁昭言著）當我讀了丁東先生，張泉先生，以及重讀邢小群在《書屋》上的〈你好，梅娘〉一文，字裡行間，讀之，無不令人喟歎。

寫此，想起張中行先生，他畢竟有洞察犀利的眼光，在《梅娘小說散文集》一書的序言中，他曾說：「有守土之責的肉食者不爭氣，逃之夭夭，依刑不上大夫的傳統，把『氣節』留給了不能逃之夭夭者，這擔子，也太重了吧？」

張中行先生的話，精闢、精準，精當。真可謂「一語道破天機」。中國當時有一半國土淪喪，個人無法選擇。只有食肉者逃之夭夭！

周越然先生，相比於梅娘，關露，等等，要幸運得多。但由此也反映出了一個近代藏書家，於藏書史上升沉顯晦的命運。而這一切，只是時代的一個解釋。如若用一句老話，也可歸結為：「幾百年舊家無非積德，第一件好事還是讀書。」

三

一九四九年秋，上海解放，周越然先生得陳望道之介紹，到上海水產學院教授英語。此校，即今上海海洋大學。學生們見的，是一位中等身材，架一副眼鏡，儒雅、和藹、風趣的學者。周先生在教學上，自有一套方法，這源自他中外知識功底的深厚。上世紀九十年代後，這位藏書家、編譯家、散文家，又引起讀者關注，先後再版了《書與回憶》、《言言齋古籍叢談》、《言言齋書話》、《周越然書話》、《言言齋西書叢談》等著作。

這部《夾竹桃集——周越然集外文》，是民國時期周越然的佚文集。他學通中西，涉獵甚廣，著述亦豐，然所著大量文字，由於在其生前未及匯訂成集，往往佚散在各類報刊雜誌上。故由編者金小明、周炳輝等，於近年勤加考訂，打撈出不少佚文，將這些佚文彙集成冊。書為三輯，有《文史雜記》，《〈晶報〉隨筆》，《修身小品》。其中發表在《晶報》上的集外文就有二百多篇。

這三輯妙文，其談書論文、掌故趣聞、時事風俗，性知識的妙文，娓娓談來。雖不銜接，也無呼應，但周先生筆下幾十字乃幾百字的小文，卻為我們記錄了社會生活中的各式人物，留下了民國歷史印記，同時寫出無數中外文化故事，其體式各異半文半白的隨筆小品，令讀者有更大的閱讀懸念。由於作者觀察細微，深入到社會底層的脈絡、細胞，為我們攝取了人類學、歷史學、社會學家所遺忘的角落，為民國社會，記下了一部廣闊的社會生活史長卷。

周越然先生，是二十世紀上葉，活動於上海的著名英文編譯家和藏書家，在稗官小說和民間戲曲文獻領域，作為「南周《越然》北馬《隅卿》」的藏品，為人們所重視。七十餘年前，有顧佛影者贈其詩云：「教書常為天下詩，著書樂煞天下兒。買書買盡宋元版，讀書窮探滄瀛奇。湖州老少年，風度何翩翩。不愛做官做名士，香花飲酒渾閒事。」最能狀其那一時期他的人文丰采。（見南京大學教授‧中國閱讀學研究會會長徐雁述評）

周越然在其個人藏書史上，曾發生一段前所未有的奇跡。一九三〇年春天，周越然，在上海以重價購得一部《愧郯錄》。張元濟得知，便前往觀看。發現此本係祁氏淡生堂餘苑本，有澹翁手跋，且有毛子晉，季滄葦，朱錫鬯等鈐記，係明人寫本。惜只存首七卷，是個殘本。但是，令張元濟激動不已的是：雖然只是半部書，但是各種刊本所缺的那十葉書，居然在周所得藏本中全在！於是趕緊請人依原書款式，補寫各葉。結果，所補各葉正好前後相銜接，這才得以使《愧郯錄》成為完整的一部。張元濟從周越然處，獲得《愧郯錄》所缺之十葉後，沒有忘記遠在東京的日本朋友。他把這十葉的影寫件，贈送給靜嘉堂文庫。靜嘉堂文庫獲此珍貴資料，沒有補刻，而是把張元濟提供的影寫紙，直接粘貼在空白的書頁上。

周越然所藏明鈔本《愧郯錄》，是宋人岳珂所撰，其指出其價值在「記宋代之制度，多為史志所未備者。」而且指出此作，自宋刊刻以來，直至明清的校刻本，皆因缺十頁，竟無完本，而他的收藏的明鈔本，卻成全了這部書的完璧，因而「不禁狂喜」，後以此本，供商務影印，補宋刊之不足。這於從事藏書者來說，不乏是個藏書史上的離奇故事。二〇〇六年五月，我有幸在靜嘉堂文庫，閱讀宋刊本《愧郯錄》，親睹了所補十葉的書紙：白色極薄的影寫紙上，字體是那麼秀雅古樸、猷勁；無框無行的影寫紙，粘貼在框行清晰的書葉上，版面是那麼特別；按明抄本影寫的小開本紙與宋刊的大開本書，又是那麼不協調。只有邊款「據吳興周氏言言齋藏淡生堂抄本補寫」，一行小字，剎那間，我似看到了中國藏書史上，一個實境再現的曲折艱巨的風采。可說是一個無聲勝有聲的化境。

四

鑒此，我想再在此抄錄這集中刊出的周越然的祖父於清末所撰的一節《螟巢日記》，我個人讀後，感覺甚妙並聯想翩翩，饗與讀者共賞：

至天寧寺。寺去彰儀門二百步許，野田古木，景狀清絕。車行迤邐，從側門入。庭院森若，微有綠陰。寺僧邀延就座。茗罷，導致後園。牡丹數叢，英英相雜。同人捷足者，俱登坡陀月臺上，余亦攝衣從之。台雖不高，可縱遠月，平蕪無限，遠接山黛。寺僧曰：『此台非止看月佳，雪餘雨後，乃更佳耳。』流覽半晌。由香積廚折入正殿。殿前有浮屠極高峻，無梯級不可登。又前行至一殿，塑銅釋迦，一手托鉢，一手下垂過膝，伸五指若求佈施狀。遊寺中者，率以錢擲鉢中。鉢去地三丈許，鏗然一中，以為大佛歡喜。……又至客堂吃點心，茗話良久。夕陽西匿，膏車進城。至如松館飯，有儀仙蘭舫。

讀了這樣的文字，其勝跡風景、佛教文化，飲茶風俗、京城風尚，了然心中，而文筆雋永，簡潔生動，富有情致。

當然，在《夾竹桃集》中，這般妙文多多，其史料、文化價值，限於篇幅，一紙拙文，實難寫盡。（讀者可找此書一讀）但是，現網上讀者，喜愛這書極多，連同它的書名。興許，在愛書者心裡，「言言齋」這個名字，仍然活著，猶如「一嘟嚕花黃了，又長出一嘟嚕。」——那樣花影迷離，那般婉美動人。

吳凱聲：一位民國大律師

一

記得前年去烏鎮參加孔另境紀念館落成典禮，邵洵美的女婿吳立嵐送了我一本書，那日匆匆，一看題目是《吳凱聲博士傳記》。因我對傳主陌生，此書就一直擱在書架上。時隔了兩年多，偶於網上讀到這樣一段話：「尋找一本書：吳凱聲博士傳記」，讀了這幾個字，我深以為憾，人家求書懇切，我卻放著不讀。博主還說：「吳凱聲是民國著名的律師，曾為政治犯廖承志等人做過辯護律師。他的書到處找不到。不知哪位朋友知道線索，或複印，或原書均可，謝謝。」我遂仔細閱讀了此書。這確是頗值一讀之書。全書講述吳凱聲一生事蹟，編入了吳凱聲所作詩詞四百八十四首，前有吳凱聲晚年照片兩幀，還有滬上有名女畫家吳青霞為他所作畫像一幅。書由吳凱聲編述，吳立嵐、林淇編撰，約二十四萬字。誠如賀崇寅先生序中所言：「八十年代改革開放之初，某一社交場合和吳凱聲老先生相識。那時他和夫人吳敏女士正在為中法友好交往努力奔走，他曾多次促成了中法、中美之間的文化交往，如音樂、戲曲、雜技等文藝團體的互訪。」而這書，卻是吳老於九十歲後收集、整理、口述而成。直到九十四歲才出版問世，不禁有與讀者見面晚了之惜。

吳凱聲（一九〇〇——一九九七）江蘇宜興人，他是二十世紀的同行人，一個世紀的風雨往事，可從他身上折射出多少歷史風雲變幻。他十八歲從宜興到上海，在哈同創辦的愛儷園苦讀兩年多，以優異成績從上海倉聖明智大學（現知道這所大學的人已經很少）結業。一九二一年七月，他與一百二十多名貧困生隨吳稚暉一行赴法留學。到法後，先在中法大學，後轉里昂大學學習法律，兼學政治、外交、經濟。因家境貧寒，還兼任了上海《申報》、新加坡《新國民日報》駐歐特約通訊員。一八二四年在法國里昂大學法律系獲法學博士學位，後任巴黎大學最高國際法學院研究員、巴黎比較法學院通訊院士。他的導師華特・龍培兒是世界比較法的權威，他從師研究得益匪淺。吳凱聲的博士論文是《中國憲政史》。因論文優秀，當年在巴黎齊亞法律出版社出版。之後，一九二五年至一九二六年，他任英國倫敦大學校外研究員，並在巴黎聖拉薩中法銀行當實習員；同時又到巴黎最高國際法學院研究外交。一九二六年，他回國後任北洋政府法律顧問，又兼任上海法科大學教授，和於右任、蔡元培、沈鈞儒等人同任該校校董。因該校校長潘大道思想左傾，被反動勢力刺死，學校遭法租界查封。他接受學生代表史良及錢劍秋的要求，以教授及律師身分，向法租界當局強烈抗議，使學校得以啟封及複課。他那時是上海法租界及英租界會審公堂律師，用英語、法語進行辯護，成為當時法租界法庭的第一個中國律師。一九二六年八月，在日本水手殘殺我國車夫陳阿堂一案中，他不畏強暴，細查深訪，收集證據，公開揭露案情真相，為死者伸了冤。這是當時中國外交司法案件上破天荒的一例。

二

一九二八年國民政府建都南京，吳凱聲任外交部秘書，兼辦中法、中意甯案委員，後轉任外交部法律顧問，仍做律師。一九二九年夏，他被奉派為國際聯盟中國代表團常駐代表，兼駐瑞士特命全權公使。於日內瓦四年多時間中，他曾多次出席國際會議，如勞工大會、限制關稅國際會議、國際裁軍會議等。一九三一年九月十八日，日本侵略東三省，吳凱聲博士與施肇基（駐英公使）、王家貞（外交部次長）出任國聯代表，他在日內瓦與法國外交部長白里昂（Briang）等接洽，爭取國際對抗日陣線的同情，對我國被侵略情況疊次發表宣言，慷慨直陳，博得國際好評，並與國聯秘書長商討組織國際調查團到華。

一九三二年，吳凱聲在上海擔任各工會、各商業聯合會、各同業工會團體的法律顧問。當時，他曾受周恩來之托，為著名共產黨人陳延年（陳獨秀長子）出庭辯護。一九三三年，吳凱聲又接受宋慶齡之邀，擔任中國民權保障同盟義務法律顧問，並任民權保障同盟營救政治犯五人委員會委員（宋慶齡、蔡元培、楊杏佛、沈鈞儒和吳凱聲）。當年三月，全國總工會秘書長王其良被捕叛變，當天下午廖承志、余文化、羅登賢三人因此被捕。當時年僅二十歲，已祕密參加中國共產黨，擔任中國海員工會中共團書記、中華全國總工會宣傳部部長等職的廖承志，正在上海參加一祕密會議，由於叛徒出賣，落入了國民黨老閘捕房探員和法租界的密探之手，處境十分危險。吳凱聲作為辯護律師，還動員多個律師組成律師團為之辯護。吳凱聲當著各界人士之面，一一列舉事實，與租界當局律師激烈辯論；整個審訊辯護過程，起伏跌宕。一代大詩人柳亞子也親臨旁聽。可是，法庭依然將五人引渡給南市上海員警總局。面對這樣的情況，吳凱聲智才雙全，當庭審完後，他巧妙地緊隨囚車到總局；他根據國民黨刑事訴訟法關於被告偵詢完畢，可交辯護律師「責付」出獄的規定，要求總局立將被告廖承志「責付」給他。（當時如沒能在上海將人救出，引渡到南京，廖承志的生命將毫無保障。）經過吳凱聲等人據理力爭，警察局長蔡勁軍，雖是他留法時的同學，但終不肯鬆口。這時，吳千方百計說動蔡，向上海市長請示。最後，蔣介石因礙於何香凝倔強脾性，又是元老，終於將廖承志交給辯護律師吳凱聲帶走。當晚，吳凱聲即將廖承志保送至辣斐坊7號（現復興中路復興坊7號），交給了何香凝老人。廖承志被救出後，何香凝特親筆畫了一幅《猛虎圖》贈與吳，是借喻他在法庭上與當局鬥智的堅猛勇威。當年，陳賡在上海被捕，也是由吳凱聲為其辯護而獲救。而一九三三年六月十七日，民盟重要領導人楊杏佛被蔣介石指使軍統特務暗殺，吳凱聲臨危受命，冒生命危險處理楊杏佛身後事宜，深入法租界巡捕房，設法找回楊杏佛記錄眾多民主人士名單的筆記本，並轉交給蔡元培，避免了歷史上一場血腥的屠殺，使許多的中國民主人士得以逃過一劫。我讀吳凱聲前半生的事蹟，他於這特殊的年代，在十里洋場常任首席律師，每於重大的歷史案件總殫精竭慮，奔走呼號，周旋於華洋司法界，他用中英法三國語言，雄辯於中外法堂之上，可謂勇猛如虎，馳騁中外。幾十年過去，吳凱聲晚年對昔日幾位好友仍一直懷念不已，如〈悼念廖承志〉一詩：「五十年前一儒生，門庭冷落訂新盟。仲愷遺恨成千古，承志蒙蔭享大名。今日幾多人憑弔，他年贏得客心驚。江山依舊春風裡，花落能無惜兩京。」這是為悼念承志而作，但更多的是想起早年追隨孫中山參加同盟會的廖仲愷一九二五年被暗殺的情景，雖江山依舊，卻無不傷感。吳凱聲，既是上海大名鼎鼎的大律師，又在民國外交史上留下了他的名字。但是，他後來卻說，自己一生中最大的成績，不是訴訟，不是外交，而是作詩。我想，爾後吳凱聲於抗戰時期到新中國成立後，若從個人命運來說，可謂風雨多難，半生坎坷。

三

他是一位著名法學博士，又是一名伸張正義的有識之士，可當黑暗逝去，迎來曙光，新中國成立後，他卻漸行漸遠地離開了曾叱吒風雲的法壇，更沒有了伸張正義與自由的土壤。雖然他曾在沈鈞儒、章士釗面前，提出以法治國的思想，但亦無人理睬。他的法學專業更無業可使，大小律師不能當了，在上海只能當一名里弄掃盲老師，後自辦小化工廠謀生。一九五五年，吳凱聲以「懸案在身的歷史問題」被送往上海郊區農場勞動改造。從此，只有詩神繆斯陪伴他度日如年。一九五七年因病保外。一九六六年，已過花甲之年，又劫數難逃，成了「歷史反革命」，抄家批鬥，提心吊膽、頭提在手中過日子。「文革」之中，過去營救的義舉，反要為「廖承志案」受七次的「逼、供、信」，遂成了罪上加罪之人。在說不清道不明的形勢中，他曾萌短見，但終於挺過來了，生命於脆弱與堅強之間存活下來。

吳凱聲後半生，直至八十歲以後才發生了改變。幸享長壽，他才又有了眾多的友人，如汪道涵、孫中山孫女孫穗芬等，以及法國等國的許多朋友。一九八四年十一月，法國總統密特朗和夫人抵滬，曾在法國駐滬領事館特地宴請吳凱聲和夫人吳敏。人生過眼雲煙之際，也許惟有詩是吳老度過晚年最好的朋友。你聽：「蕭蕭雨雪滿窗前，斗室寒寒孰為憐；三十年來無別物，只有白髮與殘篇。」（〈窮愁詩〉）又如：「乍聞爆竹動人腸，流水韶華不可當。月下梅枝寒白雪，窗前燈火暖紅妝。思家無夢空床冷，聽雨有聲夜漏長。伴我猶留詩一束，且看饑鼠上窗牆。」（〈歲暮雜感〉之一）另，一首勉兒詩，更顯其對生命堅貞的象徵：「窗前風動聲疑雨，月下烏鳴影自橫。勁節無情人孰重，秀姿瀟灑總堅貞。」（〈詠竹詩——勉勵立嵐兒〉）這首詩，是寫給兒子的，但卻充分反映了吳凱聲歷經一切後的另一番人生體悟，包括他經歷的中外生活、浪漫風情、鐵血哀樂等等。當然，於一九九一年老妻因公赴京突然逝世異鄉，他的那首悼亡詩，更使人聲淚俱下，悲痛不已。如今，他錄出的四百八十四首詩，均載於這本傳記上。時至今日，雖早「人琴俱亡」，但後人尋找這本書，茶餘飯後，確頗值一讀。因為，吳凱聲的一生，可講的故事很多，可謂琳琅滿目、豐富多采，充滿著上海灘的傳奇色彩。我想，也許單講他「營救廖承志」

那動人的一節，就可拍成一部電視劇，出現的民國人物就有幾十個。而他早年的論文《中國憲政史》也有探討的價值。可惜我昨日打電話問立嵐先生，他說是法文，還未譯成中文版。

如今，離他老逝世又十四年了。我們若越過二十世紀，回頭再來看吳凱聲博士的一生，我相信許多讀者會喜歡這本傳記，因它畢竟為我們發掘了一位前輩學人，以及讓我們窺見了一個民國大律師的身影。

盧芹齋：世界頂級古董商

一

一九四八年六月，受故宮博物院院長馬衡派遣，王世襄去國外考察博物。日程中第一站是美國，其中有美國最大的紐約博物館，他用了兩天的時間巡視了一下。同時，又用了三四天時間，對紐約的幾個比較著名的博物館進行了考察與交流。如美國的自然博物館，是全美最大的一個自然博物館；紐約市歷史博物館，是專門陳列與該市有關的重要文物，著重表現了該市的歷史發展；現代藝術館，專門陳列奇形怪狀的造型藝術作品。

十一月中旬的一天，經文物專家史克門介紹，王世襄特地到紐約第五十七街，去拜訪了於國外最有名氣的一個中國古玩商，他名叫盧芹齋，年約七十歲，早年在法國經營古玩多年，後又到紐約開設古玩店。經他之手，不知有多少中國文物流落到國外。美國博物館，凡是有中國文物的，幾乎都是他的主顧。當時盧芹齋有一批比較重要的中國繪畫，王世襄主要是為看這批畫而去

盧芹齋

找他的，並向他說明，要將在美的重要繪畫，寫成一本《讀畫筆記》，但這次來不及細看，待明年來紐約再細看。盧先生爽快地答應了，並供給許多照片。盧還請他吃了飯，同席的還有普愛倫及盧的店員數人。（見拙著《王世襄傳》第六章）

我另有一文「新月張開一片風帆——記陳夢家」，也寫到盧芹齋其人其事。其實，陳夢家從西南聯大去美考察青銅器時，也同樣與王世襄一樣，特地去接觸了盧芹齋先生。夢家先生在美國期間，盡力搜集流散在外的青銅器資料。他幾乎訪遍歐美收藏中國青銅器的博物館、私人收藏家、古董商等；足跡遍及英、法、荷蘭、瑞典，甚至還登門拜訪過酷愛中國文物的瑞典國王。他對每件青銅器都細加觀察，做好記錄，拍攝照片。在美國的三年，陳夢家後用英文撰寫了《中國銅器的藝術風格》、《白金漢所藏中國銅器》等研究論文，深受國內外學者的關注與贊許，當時的羅氏基金會邀請其永久留在美國做研究工作，但懷有一顆愛國心的陳夢家，還是義無反顧地踏上了歸國之路。

陳夢家和古董商盧芹齋也曾多次晤面，一位是搜尋流失歐美的中國青銅器學者，一位是大半輩子生活在國外並已早在國外成家的老牌古董商，他們雖年齡上相差三十多歲，為了交流中國的青銅器的學術，爾後還真成了忘年交的好朋友。無論王世襄，乃或陳夢家，都與這位神祕的古董商有著聯繫，乃因三人雖職業不同可均酷愛文物，而巧的是他們所秉賦有同一地域的鄉土情結。盧芹齋對他們兩位，不僅不隱瞞自己販賣中國文物的情況，還向陳夢家夫婦和盤托出自己畢生經營過的所有商周青銅器記錄，並提供介紹了與其關係密切的國外博物館以及私人收藏者的名單，從而讓陳夢家在國外的搜尋考證工作，得以圓滿的完成。一九四七年陳夢家回國後，與盧芹齋先生還保持著聯繫，這年的十月應陳的請求，盧芹齋還慷慨解囊，從已運到美國的商代青銅簋中選出最精美的幾件，無償贈予由陳夢家牽頭籌建的清華大學藝術系文物陳列室。陳夢家夫人趙蘿蕤也特地在其文中，提到了陳、盧的這段情誼。看來，中國兩位博物大家，均與盧芹齋有著千絲萬縷的關係。那麼盧究是一位什麼樣的人物？

二

今年三月，正是草長鶯飛之時，一個重要的訊息，正揭開了這位世界鼎級古董商的神祕面紗。少年時在香港長大、現為法國駐上海總領事夫人的羅拉，她的另一個身分是中國古代藝術研究專家，多年前在華盛頓博物館從業的經歷，使他對古董鑒賞拍賣十分熟悉。她研究盧芹齋已經多年，今特在上海家族史作家宋路霞一行的陪同幫助下，專程赴湖州塘甸鄉盧家兜尋訪了盧芹齋先生的故里。羅拉女士對國際上影響很大的盧芹齋非常感興趣，她曾與現年九十三歲的盧芹齋當年最得力的助手、小女兒素有往來。她為了想寫一本盧芹齋傳奇經歷的書，特地來湖州尋根。羅拉幾乎走遍全球，凡與當年盧芹齋有過古董交往的地方，一如美國、法國、倫敦等大小博物館，她都去作了調查，大量收集了與盧芹齋平生有關的圖片文字資料。

盧芹齋（一八八〇——一九五七），出生於浙江湖州塘甸盧家兜。近世盧氏家族，在當地也是豪門大戶，他十幾歲時，便隻身到法國尋找商業機會，盧芹齋在域外的人生起點，開始只是在馬賽以打短工為生，後轉至巴黎。一個偶然的機緣，結識了當時清政府駐法國使館中的亦宮亦商的張靜江。之後，他便在張開辦的通遠公司古董店當學徒。他刻苦學習古董店的各項業務，又學說了一口流利的英語、法語，很快就受到張靜江的賞識。辛亥革命後，張靜江回國協助孫中山，盧芹齋就獨立門戶，自己開辦了一家古董店，名為「盧吳古玩公司」。而這時的國內，正是清政府垮臺，北洋政府執政，當時，軍閥割據，國內政局常常是「城頭變換大王旗」，連故宮內的古物珍寶紛紛流出，可見其他各地的文物外流之狀。盧芹齋憑著鑒別中國文物的本領，低價收購了不少古稀珍品，推銷到歐洲市場。這個公司在中國古董界文獻中有詳細記載。當年盧吳公司收購價格總比別家高上一成，而收購的古董，也大都是精品，如青銅、古玉、瓷器、字畫，凡珍稀之品，一概接收。雖然當時古玉，在國外買家較少，但是盧芹齋照收不誤，慢慢的果然一些歐美收藏家也收藏中國古玉。上海的吳啟周、北京的祝續齋都為盧芹齋進貨，古董收集上來後，都集中到上海，由吳啟周發往巴黎或紐約。可以說，盧吳公司是中國當年規模最大的古董出口公司。漸漸地，盧芹齋成為享有盛譽的中國古董鑒賞家，也成為歐洲華人中的名人。

他在歐美一帶經營文物，幾十年下來，無不也同時讓歐美收藏者，漸漸學會了欣賞中國墓葬文物。如墓葬雕刻、青銅器、陪葬古玉、陶俑、佛像等等。若從某種意義上講，盧芹齋是讓西方認識中國古董的啟蒙者。他以精湛的文物專業知識和天才的商業眼光，贏得了歐美收藏者的青睞。他經手的很多古董由死變活，由冷變熱。盧芹齋在古董行的地位可謂是呼風喚雨一言九鼎。經他手出售的中國古董，最為收藏者所信服並成為搶手貨，就這樣於幾十年之中，他穿梭於歐洲各國和中國各古董商之間。據中國古董界人士介紹，目前存在於海外的中國古董，約有一半是經過盧芹齋的手售出的，第一次世界大戰後，盧芹齋在紐約開設了美國最大的古董店，自一九一五年起盧吳公司向美國出口文物長達三十年，國寶不計其數。這其中包括許多國寶級的文物，其中以昭陵六駿中的「颯露紫」和「拳毛騧」最為著名，它們大約在一九一六年至一九一七年被運至美國，被盧芹齋以十二萬五千美元賣給賓夕法尼亞大學博物館。

最值得一提的是，盧芹齋還在法國建造了著名的「巴黎紅樓」，這座象徵著中國博大精深的歷史與文物相融合的中國式房子，可以說是他一生用心血建造的標誌性建築。這也是他用文物營造中國文化氣氛的中西結合之產物。筆者曾於二〇〇三年出訪歐洲作考察時，當時為撰寫《張靜江傳》，特地去看了兩座標誌著清末民初中國政治經濟轉型的重要的外在見證物，一是張靜江當年在法國巴黎達候街二十五號的通運公司大樓，一座就是盧芹齋親手所建的座落在巴黎離凱旋門不遠的「蒙梭公園」附近的紅樓。那是個秀麗迷人的地方，樓分五層，現其一部分建築，已被巴黎市政府列為文化遺產。巴黎的東方風格建築可謂鳳毛麟角，但這座神祕的紅樓，將會承載著盧芹齋的人生故事，永遠佇立在巴黎。

如今二十世紀的歷史又翻過了一頁進入了新世紀，兩座一中一西的老房子尚在，但兩位主人卻早已離別了曾經熱衷的政經風雲。憶當年盧芹齋先生，也曾捐款資助過辛亥革命，在一段時間內，他每天還在法國巴黎的紅樓免費資助中國留學生的午餐。至一九五七年，盧芹齋死於瑞士，終年七十八歲。晚年的盧芹齋，感到自己的一生充滿了矛盾，他承認自己使不少國寶流失於海外，但他又為這些國寶避免了戰亂從而得到了保護而感到幸運。

歷史是人類生活的紀錄，二十世紀社會生活的錯綜複雜，便註定了一些著名人物的思想與心理的複雜性。因為，這個世界是多麼的跌宕起伏，任何以一段時間內作出的定論總會使人貧乏。誠如王船山所言：「正邪存乎人，是非存乎言，功罪存乎事；三者相因，而抑不必於相值。」只有慢長歷史與時空不會被權勢所左右，最後對一切往事作出公允的評價。

二十世紀的百年歷史，若以幾千年中國文物為一條軸線窺之，我們則可從一個側面透視中國的歷史風雲。若再從世界的政治、經濟之一角視之，於這個歷史人生的大舞臺上，許多人物於上個世紀之中，都活靈活現、生龍活虎地演繹了革命、文化、經濟、考古、學術等一幕幕的大戲，而這幕鄉土傳奇故事劇的角兒，便是張靜江，盧芹齋，陳夢家以及王世襄了。

俞平伯：從《明定陵行》說起

一

那年，我去北京，正是草長鶯飛的三月，但北方冷空氣時有襲來，總感春風刺骨的寒冷。一天，清晨四點多去潘家園淘書，然後，去通州張家灣馮其庸先生家。車到張家灣的街口，遠遠望去，向西還有幾縷炊煙，身後小山影，也越來越淡。淘書連早飯也顧不上吃，買幾個饅頭匆匆帶進馮家。輕輕敲門，出來引我們進屋的是一位女士。穿過狗吠不斷的那個園子，覺得這裡的布局，彷彿是《紅樓夢》裡任何一種事物的象徵，興許這便是馮先生花了不少心血搬到張家灣的意蘊。

走進「瓜飯樓」，他們夫婦剛起來煮茶，看我們這副樣子，夫人夏老師一邊泡茶一邊拿出可口的點心。圍坐小屋，一邊品茗，一邊就談開了紅樓夢的話題。我向馮先生討教了范鍇（一七六四——一八四五）的生平事蹟，談及乾隆年間范的一部紅學著作《癡人說夢》。馮先生雖耄耋之年，但記憶很好，說此書國圖有藏，可幫我找，使我喜出望外。這是我鄉前輩的紅學重著，多年夙願就想一讀。

閒談中，馮先生忽然說起他有一件多年的藏品，是俞平伯先生手書的扇面墨寶，大小與普通摺扇相仿。在此扇面上，俞平伯先生用楷書寫下了一首七言古風《明定陵行》。斜坐在我旁的馮先生喝著茶，慢悠悠地告我一個祕密，他說：「唉，這墨寶非我的，原是劉海粟生前所藏，後他兒子在上海開畫展時，把這件藏品相贈與我！」這珍藏之物，還是從上海劉先生那裡流出，真想不到。緣於馮是國內知名紅學家，收藏同是紅學家俞平伯的東西，也是情理中事。「此件藏我處已久，我總想把它傳至值得收藏之處。」馮先生又說，「俞平老這件墨寶，寫得精妙，詩意深深，理應讓它展示於世人！」

我見馮先生沉思著。就在這一瞬間，我忽想到：俞曲園、俞平伯的故里，應在浙江的德清，而歷史上第一個研究紅樓夢的戚蓼生，也是德清人。俞平伯墨寶，如能放到德清，應屬完璧。

說起戚蓼生（一七三〇——一七九二），他曾購得曹雪芹八十回本的《石頭記》抄本，讚歎不已，為此寫了一篇序。戚於乾隆三十四年中進士，仕途很順，官至福建按察使。戚蓼生和曹雪芹是同時代人，這序當然重要。俞平伯曾讚賞說：「戚蓼生序……向來不大受人稱引，卻在過去談論《紅樓夢》的文章中，實寫得很好。」戚蓼生為人灑脫，好詼諧，平時起居，不修邊幅，但有理政才能，是典型名士派頭。蓼對《石頭記》的寫作藝術，推崇備至，他認為書雖只八十回，但不主張再寫續書，認為不全無妨。還說：「《紅樓夢》是沒有寫完，但想續寫，定是很蠢的事。」爾後《紅樓夢》刻印，由戚蓼生寫序的《紅樓夢》遂稱戚本，它和程偉元的程本《紅樓夢》，均屬紅學研究的二個重要版本。

「俞平老的墨寶，存放浙江德清，馮先生不知以為然否？」我對馮先生最後說，「那裡的博物館，專門陳列了俞平伯先生的一些遺物，也有幾件墨寶珍藏。」馮先生對此提議很是喜歡，分手時就說：「容我身體好些，慢慢尋找出來！」

德清也是青瓷的發祥地。終於有機會到德清參加一個古瓷展，遂把此事轉告了德清的領導。德清領導很重視，為此事幾次走訪馮先生家。俞平伯墨寶，幾經聯絡，終由馮先生親手交給德清專程赴京的領導手中，馮先生這件多年珍藏，終亦回歸了有紅學淵源的德清。

馮先生雅興不減當年，那天還特在俞之扇面上，再用硃色楷書，寫了如下的話：「此俞平老手澤，由上海劉海老後人轉贈，今即歸之俞老紀念館，得其所也。馮其庸記。」字跡清雅勁秀，雖捨不得，但「得其所也」四字，一派溫情在。

二

世上事畢竟有緣，如今，讓後人能永遠欣賞到這精美的扇面，算是德清鄉人之幸甚，也是大眾的幸事。此可謂是一個八十九歲紅學大家，期盼地方發展紅學研究的心聲。在當今書畫拍賣走火入魔之際，馮先生立馬無條件割愛，足見馮其庸先生之大氣，應感謝他的無私捐贈，才成就此舉。

因限於扇面空間，俞老手書非全璧（寫至「時向深山僕大木」處，見俞平伯《明定陵行》手跡）。俞老整首《明定陵行》尚有最後十句，未能寫得，故現將《明定陵行》抄錄於下，以讓讀者賞讀研究，並可對照其墨寶遺物觀摩。

明定陵行

大峪山前野殿荒，秋風颯然秋草長。
懸梯斗下八十尺，眼中兀突金剛牆。
無端瑤闕埋黃埃，劵拱三層迤逗開。
只道千秋鞏金石，那知彈指輕塵炱。
宮車晏晚定陵路，世態雲衣幾朝莫。
王候萬騎送北邙，難救君家一抔土。
贏得飛龍玉座寒，強攜金盌出人寰。
昭陽無福眠雲母，猶戴瓏玲九鳳冠。
役民地下興華屋，不意兒孫亡國速。
金高未饜狂夫心，巢傾忍聽千家哭。

俞平伯扇面

遠從漲海浮明珠，時向深山僕大木。
妖書梃擊盡奇談，專寵爭儲皆亂局。
青史何曾判是非，牛山何必淚沾衣。
南屯不落新歡笑，廢壟殘丘對夕暉。
漠漠土花翠鈿路，沉沉煙燼魚燈路。
銀泉山鬼悲狐兔，誰續梅村更賦詩。

今讀俞平老之詩，看似明白，但詩之意蘊深邃，如用白話翻譯，興許詩意丟失。此詩既寫了明朝事，又蘊藉世事，怨而不怒，正是對閱讀俞平老「古雅蘊藉」（梁遇春語）之詩，大有助益。為深讀俞平老此詩，我特地請教黃裳、邵燕祥，以及天津研俞專家孫玉蓉諸先生。他們均談了自己的看法。現順錄以下：「俞老《明定陵行》，所用皆明十三陵故事，以及晚明宮中三案故實，無何秘典。不勞箋記也。」（黃裳，二〇〇九三月二十日信）另，據邵燕祥先生回憶，他說：「俞平伯此詩所作應在一九六〇年代參觀時後感，因當時北京明定陵，剛對外開放可讓人參觀，其是十三陵最大的三座陵園之一。」孫玉蓉先生在給我的信上，也談了對詩的看法，她說：「馮其庸先生為了豐富俞平老紀念館的收藏，能夠把俞平老的真跡割愛轉贈給紀念館，這種高風亮節值得頌揚。對於俞平老的作品，少一點解釋無妨，可以讓讀者自己去理解，見仁見智。俞平老的學問功底深厚，我們如果解釋不準確，反而會找麻煩。」（孫玉蓉，二〇〇九年七月二十日

俞平伯

信）我讀之深感俞老無論古詩、新詩（見《西還》、《冬夜》）均耐讀回味不盡，其詩都別有一番幽默澹泊、蘊藉深邃的境界，讓讀者見仁見智。我很想有專家學者再解讀《明定陵行》詩，俞老於何心情寫下此詩；而且有一奇望，俞老手書舊作時間是一九八〇年，是為心正同志所囑，想心正先生還在世，後何如傳入了劉海粟先生處。

「密重重的簾幕，盡低著頭呆呆的想！」（俞老新詩）我彷彿又回到了他當年的古槐書屋，呆呆的想起二〇一〇年一月八日，是俞平伯先生誕辰一百一十周年，今遲寫此文，也算是對紅學大家及詩人的一個紀念。（刊發於二〇一一年，六月十一日第五版）

金隄：與《尤利西斯》結緣的人

一

我的鄉前輩金隄先生，於二〇〇八年十一月六日，在美駕鶴而逝，他雖已達八十七歲高壽，但作為一位卓有成就的著名翻譯家，我不免為他的仙逝而哀痛。因為在我們眾多的翻譯家中，他第一個把二十世紀一部偉大的小說《尤利西斯》譯介到了中國，且耗費了十六年這麼一個漫長時間來完成。喬伊絲的這部作品，於一九二二年在巴黎出版後，睽隔了七十多年之久，首個中譯本，才出現在中國讀者面前。這無疑是廣大中國讀者之幸。

我注意到最近一期《讀書》的廣告中，（二〇〇九年一月）譯林出版社有了這樣的話：譯林出版社繼《尤利西斯》、《追逝似水年華》、再度迎難

而上推出《萬有引力之虹》。在讀者的心中，金隄的中譯本，顯然比蕭乾、文潔若合譯的譯本早面世。所以，文潔若也曾說了感謝他的話：「我現在可以說，如果當時沒有日譯文，我肯定不翻。如果沒有金隄的譯本，我也不會翻。」於此，可見金隄在世界性作品的翻譯上，有篳路藍縷之功。其翻譯的艱巨也可想而知。

創作一部好作品難，譯出一部世界公認的巨作更難；而把《尤利西利斯》用中文介紹給中國讀者，則是難上加難之事。記得中國首屆國際喬伊絲學術研討會，在北京揭幕時，因《尤利西斯》原著作者喬伊絲，是愛爾蘭人，於此，愛爾蘭總統瑪麗・羅賓遜夫人，在給金隄教授的賀信中，熱誠感謝地說：「用了十六年時間，將這部傑作，送到有十多億中文使用者的面前……」這確是轟動世界譯壇的一件盛事。

二

中國人公認深奧難讀的天書——當屬五經之首的《周易》，而世界公認難讀的天書，那便是《尤利西斯》。愛爾蘭人喬伊絲寫成的這部意識流長篇小說，很難讀懂，一般讀者為此書的意蘊深奧，時不敢問津，抑或翻了幾頁，也難於往下閱讀完畢。《尤利西斯》被稱為現代派小說的先驅，問世後在世界各國爭論不休，遂被引起轟動。半個世紀過去了，許多翻譯家，學者、教授，未敢輕易攬下這件吃力又不討好的活兒。一九七八年後，中國隨著和世界各國交流之日益增多，對現代派作品得以重新評價，人們在衝破地域，種族和語言的畛域，溝通民族與民族之間的思想感情，促進相互間的瞭解，於是對諸如薩特、卡夫卡，海德格爾和艾略特的小說和詩作湧躍購買和討論。於是對《尤利西斯》這部世界性「天書」的翻譯介紹給中國讀者，已成為迫在眉睫之事。然而，擺在面前的這部《天書》有誰來譯？這項巨大的「系統工程」，誰願去承擔？而在當今譯界，譯書所付出的勞動，要比創作付出更大的代價，可稿酬是那麼低，且出版社時拖欠稿酬，誰願迎難為之。

譯者，人們有說，猶像相聲演「雙簧」，是前邊那位演員，原作者是後邊的那位，要費盡心機構想出原著的形象和意境，爾後經過「再創作」而成。而翻譯《尤利西斯》這般「天書」，勢必要付出焚膏繼晷的艱辛；再說，這樣一部艱深難譯的世界巨著是智慧的結晶，如經劣手譯者稀釋，變了原味，甚或把譯作弄得邋邋遢遢，導致不可收拾，是愧對世界和人民的。因此，翻譯《尤利西斯》一書，令中國譯界望而卻步達半個世紀之久。

然事情終有旁逸斜出的。美國名著《尤利西斯》中譯者，恰有鄉前輩金隄先生扛鼎起來。金隄，浙江湖州人，父親金式斌老師，曾任潯溪小學校長及潯中教導主任，可謂書香門第。一九三六年南潯中學畢業，後入省立杭州高中，一九三八年又求讀于國立三中，抗戰時西南聯大外語系畢業。抗戰勝利後在北大、南開任外語系教授，「文革」後在天津外語學院英語系教授。一九八六年在美國定居，搞科研和講學。說起金隄，他父親和我先父當年都曾在潯溪小學任教，當然，這個近百年絲商群體崛起的江南市鎮，確出過不少儒林精英人物。

一九七八年，在南開大學講授翻譯課的金隄，應中國社科院之邀，開始嘗試翻譯喬伊絲的《尤利西斯》，用一年時間才完成了五千字的《尤利西斯》的譯稿，但卻是填補了我國翻譯《尤利西斯》的空白。一九八一年首次將這部「天書」的章節譯出遂發表。一九八二年，金堤前往美國後，開始潛心翻譯《尤利西斯》。直至一九九三年底，金堤在臺灣出版了《尤利西斯》上卷，這是首部《尤利西斯》中文版。後於一九九三年首次出版了這部書的中文譯本。

金隄先生對翻譯，曾有自已獨到的見解。他曾說：我反對單純追求流暢的「意譯」，這是正確的，但我並不「提倡直譯」。我提倡的是超越「直譯、意譯」之爭的等效翻譯，我認為這是唯一既忠於原著又忠於讀者的途徑。它比「直譯」和「意譯」

金隄與同道在交流中

都要費事的多，正是因此我才如記者所說的「付出了大量的心血」。我在國內外各地關於翻譯的講話都是講這一項身體力行的主要翻譯原則，並曾在北京對外翻譯出版公司出版的拙著《等效翻譯探索》中做了比較詳細的分析。（〈我不反對意譯，但不提倡直譯〉）：「《尤》的譯者既要有文學創作的能力，又需具備經院學者的素質。」而金隄先生，正是這樣的認真的學者。

三

《尤利西斯》譯本在中國內地，臺灣、香港發行量已逾百萬冊，此譯文的忠實，暢達及文采之優美，是世界甚感興趣的話題。《尤利西斯》之所以成為傳世名著，花了十六年譯出此書的金隄，曾有如是評說：「主要原因之一，是他的人物形象栩栩如生，這一點在小說一開始就非常突出。他完全擺脫了舊小說的巢穴，它沒有任何開場白，既不介紹時代背景，也不交代人物來歷。」

例開卷第一句話，金隄譯作，就直截了當，把這樣一個人物形象擺到了讀者面前：「儀表堂堂、結實豐滿的壯鹿馬利根，從樓梯口走了上來……。」而「壯鹿」馬利根，是小說三位主人公以外，最重要的人物。這開首應該怎麼譯得正確無誤，又富有文字靈氣呢？為此，老翻譯家馮亦代先生，在一九九四年八月三日《中華讀書報》和一九九五年第一期的《譯林》上撰文，曾評：

「我不同意對馬利根的名字BUCK的譯法。」並說：「我們認為，BUCK是個教名，不是綽號，而金隄卻譯作『壯鹿』……。」

「BUCK」究竟是馬利根的本名，抑或是他的綽號？對此拙文不想再作贅述（讀者如有興趣，可尋閱《譯林》，《中華讀書報》，並讀《文匯讀書週報》，《博覽群書》等刊）。對《尤利西斯》這部「天書」之艱深難譯、爭論紛紜，我想再錄中國老一輩翻譯家，二次大戰在國外擔任隨軍記者的蕭乾先生的話。他說：我一生從事的一些翻譯，例如對近譯《尤利西斯》一書，可以說，譯書所付出的勞動要比創作大——而且有時會大出很多。

當然創作也是苦的，但就心裡過程而言，作家畢竟是文章的主人，由思自已的情感與意志落筆，是處於「有我」之境。而蕭乾先生，對譯作卻說：「碰上像《尤利西斯》這樣的怪作，我連在多大程度上能反映原作，都很無把握，更遑論去杜撰什麼！」蕭先生還說：「《尤利西斯》這本書，有時人物在第三章說半句話，下半句在第九章才接了下去！怎麼辦，為了向讀者負責，只好通過注解來指出前後呼應。全書譯完時，注解肯定要超過五千條，僅第十五章就有上千個注解，個別地方如不看注，就不知所云，難於讀下去……。」（詳見《讀書》一九九四年第七期）

王力（了一）譯波特賴爾《惡之花》譯序說：「莫作他人情緒讀，最傷心處見今吾。」郁達夫在一九三一年九月〈幾個偉大的作家〉譯者序引中說：「近來看見討論翻譯的文字很鳥……，但我對於翻譯的見解，仍舊以為能做到『信』，『達』，『雅』三步功夫的，就是上品。」

我得金隄及蕭乾夫婦所譯的兩種《尤利西斯》，初讀一遍，有時是強迫自己硬讀下去的，也算是囫圇吞棗。我當是譯外說譯，以為金隄譯文，譯筆變形靈動與傳神之精神，是極為融洽地化為了一體，既與原文貼近，又富有活力，人物形象深刻，令人難忘。使我們看到了金隄先生在譯作上的特色及手眼風趣，而對讀者來說，更感其想像力豐富並醉倒於他生動活潑的談諧中。怪不得金隄在紐約喬伊絲學會演講時，把BUCK譯為「壯鹿」的過程，作為一個重點譯法，博得了全場四五十位專家和喬伊絲愛好者的熱烈掌聲，甚至於會後，還引得許多學者打長途電話，一一向他表示祝賀。有人說「出於可以理解的原因，當年南北兩個版本《尤利西斯》大戰，先後高下，口議腹誹，都是人之常情。誠篤憨實如金先生，在這一點上，大概也難超脫。何況，以他當時的情況，在學界與譯界，他更像是一個游離於主流話語之外的邊緣人，力量之孤寒，可想而知。他曾經將譯著報呈錢鍾書先生，並且得到錢先生的誇獎。多年之後，說起來，金先生還是感懷不已的。推想起來，以錢先生的人情練達、縝密謹慎，未必肯不避嫌疑，在兩者之間，做明確公允的評判。」

活水，自有源頭來，翻譯也如此。能取得如此巨大功績，金隄，他在美國佛吉尼亞大學，還多次來信，談及在家鄉故土就讀時，老師給他打下了堅實的外語基礎。他說：「《尤利西斯》確是艱深難譯的英文名著，但是，我所以能譯好它，若從最早的源頭說起，還得感謝南潯中學時，那些好老師給我打的基礎。」

獲愛爾蘭翻譯獎

金隄說：「驀地聽來，我這話好像有一點誇張，因為《尤利西斯》這書，我在一九四五年西南聯大外文系畢業當助教後，讀過一遍，還只是弄個一知半解，但真從深處回顧，我的一生歷程，我認為家鄉濤中的三年學生生活，確是起了關鍵作用的。如果我沒有這個基礎，是很難翻譯好《尤利西斯》的。……」

我想，這確不是虛言，應屬於金隄先生的肺腑之言。在這裡頗值一提的，還有金隄先生翻譯的《喬伊絲傳》。這本書被認為是二十世紀最好的英文傳記之一，是讀喬伊絲的入門書。他花了四年時間譯出，全書有近九百頁。應當讚賞他為這部傳記所花費的驚人工夫。這是一部喬伊絲的百科全書。

當然，《尤利西斯》愛爾蘭作者喬伊絲，只活到一九四一年，五十九歲便去世了。如上天還讓他活在世上的話，當他知道《尤利西斯》在中國找到知音，這喬伊絲老人，也該莫逆於心了，並一定會開懷大笑。因為，儘管此書難讀，但中國是人口大國，讀者總比人家多些。可如今，喬伊絲的中國知音——金隄，也於上月遠離了人間，如果作者與譯者能有機會以天堂相見的話，兩位智者一定會欣然而笑。

作為《尤利西斯》的第一個譯者，他為此書翻譯化去心血十六年，一個睿智的中國翻譯大家，在他離世逝去的日子，今天，我們大家無不應該記著他的名字——金隄。

寫於二〇〇八年十二月六日，金隄先生逝世後一月

Do人物47　PC0570

川上流雲
——中國文化名人瑣記

作　　者／張建智
責任編輯／陳佳怡
圖文排版／周妤靜
封面設計／楊廣榕

出版策劃／獨立作家
發 行 人／宋政坤
法律顧問／毛國樑　律師
製作發行／秀威資訊科技股份有限公司
地址：114 台北市內湖區瑞光路76巷65號1樓
電話：+886-2-2796-3638　傳真：+886-2-2796-1377
服務信箱：service@showwe.com.tw
展售門市／國家書店【松江門市】
地址：104 台北市中山區松江路209號1樓
電話：+886-2-2518-0207　傳真：+886-2-2518-0778
網路訂購／秀威網路書店：https://store.showwe.tw
國家網路書店：https://www.govbooks.com.tw

出版日期／2016年1月　BOD一版　**定價**／310元

|獨立|作家|
Independent Author

寫自己的故事，唱自己的歌

川上流雲：中國文化名人瑣記 / 張建智著. -- 一版. -- 臺北市：獨立作家, 2016.01
面；　公分. -- (Do人物；47)
BOD版
ISBN 978-986-92257-9-3(平裝)

1. 傳記 2. 中國

782.187　　104022620

國家圖書館出版品預行編目

讀者回函卡

感謝您購買本書，為提升服務品質，請填妥以下資料，將讀者回函卡直接寄回或傳真本公司，收到您的寶貴意見後，我們會收藏記錄及檢討，謝謝！

如您需要了解本公司最新出版書目、購書優惠或企劃活動，歡迎您上網查詢或下載相關資料：http:// www.showwe.com.tw

您購買的書名：________________________________

出生日期：________年________月________日

學歷：□高中（含）以下　□大專　□研究所（含）以上

職業：□製造業　□金融業　□資訊業　□軍警　□傳播業　□自由業

□服務業　□公務員　□教職　□學生　□家管　□其它_____

購書地點：□網路書店　□實體書店　□書展　□郵購　□贈閱　□其他

您從何得知本書的消息？

□網路書店　□實體書店　□網路搜尋　□電子報　□書訊　□雜誌

□傳播媒體　□親友推薦　□網站推薦　□部落格　□其他__________

您對本書的評價：（請填代號　1.非常滿意　2.滿意　3.尚可　4.再改進）

封面設計____　版面編排____　內容____　文／譯筆____　價格____

讀完書後您覺得：

□很有收穫　□有收穫　□收穫不多　□沒收穫

對我們的建議：________________________________

____

____

____

請貼
郵票

11466
台北市內湖區瑞光路 76 巷 65 號 1 樓
獨立作家讀者服務部 收

（請沿線對折寄回，謝謝！）

姓　　名：____________ 年齡：________ 性別：□女　□男

郵遞區號：□□□□□

地　　址：________________________________

聯絡電話：（日）____________（夜）____________

E-mail：________________________________